U0947333

本书为
国家社科基金重大项目（16ZDA073）阶段性成果
海南省哲学社会科学规划课题(HNSK(QN)16－80)结项成果

本书由
中共海南省委党校（省行政学院、省社会主义学院）
资助出版

过境通行制度研究

A Study on the Regime of Transit Passage

李人达◎著

中国政法大学出版社

2017・北京

图书在版编目（CIP）数据

过境通行制度研究/李人达著.—北京：中国政法大学出版社，2017.7
ISBN 978-7-5620-7651-3

Ⅰ.①过… Ⅱ.①李… Ⅲ.①海洋法—国际条约—研究 Ⅳ.①D993.5

中国版本图书馆CIP数据核字(2017)第199518号

书 名	过境通行制度研究 Guojing Tongxing Zhidu Yanjiu
出版者	中国政法大学出版社
地 址	北京市海淀区西土城路25号
邮 箱	fadapress@163.com
网 址	http://www.cuplpress.com（网络实名：中国政法大学出版社）
电 话	010-58908435(第一编辑部) 58908334(邮购部)
承 印	固安华明印业有限公司
开 本	880mm×1230mm 1/32
印 张	7.25
字 数	188千字
版 次	2017年7月第1版
印 次	2017年7月第1次印刷
定 价	36.00元

为李人达《过境通行制度研究》点赞（代序）

21世纪是海洋的世纪。作为海洋“钥匙”的国际海峡，承载着多种功能，在平时是海上物流的咽喉，在战时是军事要冲。因此，国际海峡在世界政治博弈、经济发展和军事斗争中占据突出地位。

我国是地理不利国，出洋口被“岛链”所环绕，国际海峡的通行制度对我国至关重要。然而，国际海峡并不太平。早在1986年，美国海军宣布必须控制16个海上通道咽喉点，其中就包括了一系列重要海峡，而现在更是在加紧对海洋战略通道的控制；2013年8月，围绕直布罗陀海峡的英西争端再次升级；2015年3月，曼德海峡被阿拉伯联军海上军事封锁。我国是世界第一贸易大国，2003～2016年我国货物进出口总额占GDP的比重平均超过50%，而且国际海峡在21世纪海上丝绸之路建设中也发挥着关键节点作用。国际海峡一旦被封锁，将威胁我国经济安全乃至国家安全。

研究国际海峡的通行制度，具有重要的理论意义和实用价值。本书从《联合国海洋法公约》第三部分入手，将过境通行制度的理论与我国面临的海洋重大现实问题紧密结合在一起，具有理论联系实际的研究特征。

本书共分为绪论和五章。第一章回顾了过境通行制度的发展历程，回答了该制度是如何形成的这一问题。第二章阐释了过境通行制度下有关国家的权利义务，回答了海峡沿岸国和使用国的各自权利义务问题。第三章剖析了过境通行的适用规则，回答了该制度由谁适用、在哪里适用、如何适用的问题。第四章论证了过境通行制度的习惯国际法地位，回答了该制度是否对《联合国海洋法公约》非缔约国有效的问题。第五章论述了中国与过境通行的关系，回答了中国如何过境通行他国海峡、他国是否有权过境通行我国台湾海峡和琼州海峡的问题。全书较为精准地阐述了过境通行制度的内涵和外延，明确了我国在相关海峡的通行权依靠的是国际法规则，而非沿岸国的恩惠，更非其他海权大国的默许。全书基本观点契合我国法律立场，符合我国国家利益。

作者李人达是我指导的博士，工作在海南省委党校，近几年来从事国际法学和海洋法学的教学与科研工作，取得了较好成果。他主持和参与了多项相关课题，发表了十余篇相关论文，参编了两部相关著作，具备较强的科研能力。他为人诚信厚道，学问扎实，在青年学者中较为难得。

该书不仅适合海洋法学专家学者进行学术研究时参考阅读，也适合关注我国海洋问题和对海洋政策和法律感兴趣的广大读者阅读。该书的出版应能为我国海洋事业的发展贡献一份力量。

邹立刚

2017 年 6 月 1 日

前 言

用于国际航行的海峡的过境通行制度是第三次联合国海洋法会议以来国际社会倍加关注的课题，对我国至关重要。

客观上，我国属海洋地理相对不利国，我国船舶和飞机进出太平洋、印度洋的海上通道，被位于他国境内的系列海峡所封锁。美国前国务卿Dulles在1951年首提了“岛链战略”的概念，其中“第一岛链”一般认为由勘察加半岛到马来半岛之间的千岛群岛、日本国诸岛、琉球群岛、台湾岛、菲律宾北部和婆罗洲组成；“第二岛链”一般认为由日本的小笠原群岛、火山列岛以及美国的北马里亚纳群岛组成。上述岛链中拥有若干适用过境通行制度的国际海峡，如吐噶喇海峡、巴拉巴克海峡、马六甲海峡、龙目海峡、巽他海峡等。过境通行制度就为我国船舶、飞机（包括军舰、军机）进出上述海峡，沟通我国与太平洋、印度洋提供了重要的国际法依据，它在法理上可击破Dulles所谓的“岛链战略”。

与此同时，我国现已成为世界第一贸易大国，在国际社会积极倡导共建21世纪海上丝绸之路，我国开展海上贸易需要通过若干适用过境通行制度的国际海峡，如太平洋的塔纳加海峡、吐噶喇海峡、马六甲海峡，印度洋的霍尔木兹海峡、曼德海峡，大西洋的直布罗陀海峡、多佛尔海峡，北冰洋的白令海峡、巴罗海峡等。以马六甲海峡为例，2015年全年有8万多艘次的船舶航行量，其中60%往返我国。我国需要适用过境通行制度冲出岛链封锁，海通全球。本书的主旨思想即在于支持和捍卫我国船舶和飞机享有更自由的通行权。

近半个世纪以来，我国对待过境通行的立场发生了重大转变，从 1972 年的“外国军舰必须事先得到批准，才能通过属于沿岸国领海范围内的海峡”的主张，转变为 2006 年的“过境通行制度……应该得到维护”。国家是国家利益的代表，而国家利益是在变动发展的，因此国家立场的转变也绝非罕见。但本书无意评价距今 40 多年前的国家官方立场，因为彼时有彼时的国际环境与国家利益，但这种转变也无不时刻昭示今日之学者：法学没有国界，但法律学人有他自己的祖国。

本书的出版，受益于中国政法大学出版社阚明旗等编辑的辛勤努力，在此特别表示感谢。由于本人学识和水平有限，虽竭心尽力，遗漏或不当仍在所难免。任何舛误，皆由本人负责，欢迎批评、赐教。您的指正将被我视为珍贵的人生财富。

作　者

2017 年 6 月 1 日

目
录
Contents

绪　论

用于国际航行的海峡在当今世界的经济发展、政治博弈和军事斗争中占据着重要地位。国际法上，过境通行制度是用于国际航行的海峡的主要通行规则。

第一节　选题意义

一、现实意义

客观上，中国属于海洋地理相对不利国，四大临海均属闭海或半闭海，在图们江的出海航行权目前也未付诸实践。[1] 中国海洋划界面临的海上邻国多达 8 个，中国船舶和飞机进出太平洋、印度洋的海上通道，被位于他国境内的系列海峡所封锁，典型如千岛海峡、择捉岛海峡、国后岛海峡、色丹岛海峡、吐噶喇海峡、马六甲海峡、龙目海峡、巽他海峡、巴拉巴克海峡、苏里高海峡、锡布海峡、巴厘海峡等，经分析可知，过境通行制度正是这些海峡的通行制度。与此同时，中国现已成为世界第一贸易大国，最近五年的外贸依存度平均高达 40% 以上，中国开展海上贸易需要通过若干适用过境通行制度的国际海峡，如太平洋的塔纳

〔1〕 高之国："从国际法论我国在图们江的出海权"，载高之国、张海文主编：《海洋国策研究文集》，海洋出版社 2007 年版，第 604 ~ 605 页。

加海峡、吐噶喇海峡、马六甲海峡，印度洋的霍尔木兹海峡、曼德海峡，大西洋的直布罗陀海峡、多佛尔海峡，北冰洋的白令海峡、巴罗海峡等。以马六甲海峡为例，2015 年全年有 8 万多艘次的船舶航行量，其中 60% 是为往返中国。应予明确的是，包括军舰、军机在内的中国船舶和飞机在上述相关海峡的通行，依靠的是国际法规则，而非沿岸国的恩惠，更非其他海权大国的默许。中国需要适用过境通行制度冲出岛链封锁、海通全球。

二、理论意义

时至 1973 年召开的第三次联合国海洋法会议（以下简称第三次海洋法会议）期间〔1〕，海峡通行制度成了国际社会最棘手的问题之一。〔2〕妥协折中后《联合国海洋法公约》（以下简称《海洋法公约》）终于创设了一项新的航行飞越制度——过境通行制度。该制度的意义重大，全球许多国际海峡都将适用这项新的通行制度。与此同时，《海洋法公约》第 4 部分为群岛海道通过设置了一个与过境通行在功能上高度类似的制度——群岛海道通过制，〔3〕因此，对过境通行制度的研究会对群岛海道通过制的把握起到提纲挈领的作用。此外，《海洋法公约》第 2 部分和第 7 部分亦分别规定了无害通过制度和航行飞越自由。至此，以《海

〔1〕 国内学者在翻译 “UNCLOS Ⅲ” 时，有的翻译为 “第三次联合国海洋法会议”，如赵理海、罗祥文、张小奕、余民才、管松、吴少杰等；有的翻译为 “第三届联合国海洋法会议”，如金祖光、周子亚等。经参阅多份联合国中文文本的文件后，作者以为译成 “第三次联合国海洋法会议” 似更适当，下文简称第三次海洋法会议。同理，第一次和第二次联合国海洋法会议，亦简称为第一次海洋法会议和第二次海洋法会议。

〔2〕 Kheng - Lian Koh, *Straits in International Navigation: Contemporary Issues*, New York: Oceana Publications, 1982, p. 9.

〔3〕 根据《海洋法公约》第 54 条的规定，第 39、40、42、44 条规定海峡使用国与沿岸国的权利义务条款（船舶和飞机在通行时的相关义务、沿岸国关于通行的立法管辖权以及沿岸国的义务）均比照适用于（apply mutatis mutandis）群岛海道通过制度。

洋法公约》四项航行飞越制度为主体的海洋通行制度得以在世界范围内确立开来。其中，对于无害通过制度与航行飞越自由，几个世纪以来，国内外学者的研究颇丰，然而就过境通行制度而言，无论在研究深度还是在研究广度上，与前两者相比均显薄弱，与其作为四项基本通行制度之一的重要地位不相对称。

中国现已成为国际社会最重要的海峡使用国之一，中国官方立场亦是希望过境通行制度得到各国的遵守和维护，这从刘振民大使在联大的发言中可窥见一斑。[1] 然而当前国内文献对过境通行制度的研究尚显薄弱，作者从国家图书馆查询到的信息显示，当前国内未有专著或博士论文是专门针对过境通行制度展开研究的，而现有的对于“战略通道”方面的研究，也主要是从国际政治角度切入的，对国际法原理的阐释不多，这与中国作为世界上主要的海峡使用国的地位不相符。此外，国外文献对过境通行制度的一般性研究亦不充足，多数只是在研究国际海峡制度时对它有所涉及而已，并未专门研究它。对于迫切需要适用该制度彰显国家利益的中国而言，对其下一番苦功夫进行研究，意义重大。

第二节 文献综述

一、国内文献综述

（一）基本成果概览

国内学者现有海洋法著述或多或少涉及了过境通行的概念、历程、适用等，代表性著作如刘楠来（1986）的《国际海洋法》、魏敏（1987）的《海洋法》、姜皇池（2001）的《国际海洋法》、

〔1〕“中国常驻联合国副代表刘振民大使在第六十三届联大关于‘海洋和海洋法’议题的发言”，载 http://www.fmprc.gov.cn/ce/ceun/chn/ldhy/63rd_ga/t526610.htm，最后访问日期为 2017 年 2 月 15 日。

陈德恭（2009）的《现代国际海洋法》以及张晏瑲（2015）的《国际海洋法》和《海洋法案例研习》等；代表性论文如罗祥文（1986）的《国际法上的海峡通行制度》、李红云（1991）的《国际海峡的通行制度》、余民才（1998）的《浅论用于国际航行的海峡的概念》和邹立刚（2013）的《适用于南海的航行和飞越制度研究》等。

（二）关于过境通行制度的沿革

刘楠来（1986）梳理了过境通行的发展历程：1949 年国际法院提出了“用于国际航行的海峡”的概念，但彼时国际学者对其确定标准和科孚海峡是否应被确认为用于国际航行的海峡存在争议；1958 年《领海及毗连区公约》第 16（4）条提出了“不应停止”外国船舶对于用于国际航行的海峡的无害通过；随后一段时期，许多发展中沿海国纷纷扩大了领海宽度，此举引发了其与海洋大国的激烈冲突；第三次海洋法会议期间，特别是美国、苏联两国坚持主张在习惯上用于国际航行的海峡适用航行自由原则，但许多发展中国家如印度尼西亚、马来西亚、菲律宾、摩洛哥等，则主张对其实行无害通过制度，中国基本支持发展中国家立场；英国随后提出了折衷方案，首次提出了过境通行，得到了会议的采纳，并纳入到了《海洋法公约》之中。[1]

杨泽伟（2012）指出，包括过境通行权在内的《海洋法公约》各项规定是国际社会各种力量妥协折衷的产物。其部分条款存在模糊和缺陷的现象，其实都是无奈的选择。[2] 江河（2016）持类似观点。[3]

---

〔1〕 刘楠来等：《国际海洋法》，海洋出版社 1986 年版，第 129～136 页。

〔2〕 杨泽伟：“《联合国海洋法公约》的主要缺陷及其完善”，载《法学评论》2012 年第 5 期，第 63 页。

〔3〕 江河：“海洋法的特性演变与中国的海洋权益——以海洋基本属性为框架的研究与建议”，载《人民论坛·学术前沿》2016 年第 23 期，第 54 页。

(三) 关于过境通行制度相关主体的权利义务

刘楠来 (1986)[1]、胡济群 (1993)[2]、陈德恭 (2009)[3] 在其著述中，阐释了外国船舶和飞机行使过境通行权时享有的义务以及海峡沿岸国的立法管辖权。魏敏 (1986) 阐释了海峡沿岸国的立法管辖权。[4] 王可菊 (1996) 指出，《海洋法公约》建立的用于国际航行的海峡的过境通行制度，既有利于保护航行权，也并不影响有关海峡水域本身的地位和海峡沿岸国对这种水域及其上空、海床和底土的主权或管辖权在其他方面的行使。[5] 张海文 (2000、2006) 从《海洋法公约》第3部分条文解释的角度出发，阐述了过境通行的权利义务内涵。[6][7] 王小晖 (2006) 较为详细地列举了过境通行的船舶所应遵守的义务。[8] 罗保华 (2011) 对主要指的是军舰的海上武装力量在过境通行中的权利义务作出了简要分析。[9]

(四) 关于过境通行制度的适用

第一，在适用对象方面，一般认为军舰军机的争议性比较

---

〔1〕 刘楠来等:《国际海洋法》，海洋出版社1986年版，第138~140页。

〔2〕 胡济群:“论《联合国海洋法公约》对领土主权的某些限制”，载《中外法学》1993年第2期，第36~40页。

〔3〕 陈德恭:《现代国际海洋法》，海洋出版社2009年版，第96页。

〔4〕 魏敏主编:《海洋法》，法律出版社1987年版，第106页。

〔5〕 王可菊:“联合国海洋法公约对现代海洋法和国际法的贡献”，载《外国法译评》1996年第4期，第88页。

〔6〕 张海文:“关于国际海峡法律制度与我国台湾海峡法律地位的研究”，载《动态》2000年第9期。收录于高之国、张海文主编:《海洋国策研究文集》，海洋出版社2007年版，第455页。

〔7〕 张海文主编:《〈联合国海洋法公约〉释义集》，海洋出版社2006年版，第53~55页。

〔8〕 王小晖:“核材料海上秘密运输的国际法问题”，载《中国海洋法学评论(中英文版)》2006年第1期，第160~161页。

〔9〕 罗保华:“论平时海上军事行动中《联合国海洋法公约》的运用”，载《法学杂志》2011年第3期，第125页。

大，国内学者一般认为它们应被囊括于适用对象之内。刘楠来(1986)[1]、赵建文（1997)[2]、张晏瑲（2015)[3] 提出，所有（各类、包括军用和商用在内的）船舶和飞机均享有过境通行权。此外，邹立刚（2013）特别指出，此处的所有船舶和飞机，是包括军舰、军机的。[4] 姜皇池（2001）的观点与之一致。[5] 王军敏（2002）亦指出，此处的船舶应包括军舰。[6]

第二，在适用的地理范围方面，魏敏（1986)[7]、张海文(2000)[8]、邵津（2014)[9] 的著述，对海峡的概念、分类等进行了阐述，并进而指出过境通行制度适用于用于国际航行的海峡。余民才（1998）对用于国际航行的海峡的概念与标准进行了阐述。[10] 童伟华（2015）提出构成用于国际航行的海峡要具备两个要素：一是地理要素，二是功能要素。[11] 管松（2012）指出此用于国际航行的海峡，具体应包括两类：一类是领海海峡，

---

〔1〕 刘楠来等：《国际海洋法》，海洋出版社 1986 年版，第 140 页。

〔2〕 赵建文："联合国海洋法公约对中立法的发展"，载《法学研究》1997 年第 4 期，第 123 页。

〔3〕 张晏瑲：《国际海洋法》，清华大学出版社 2015 年版，第 133 页。

〔4〕 邹立刚、王崇敏："适用于南海的航行和飞越制度研究"，载《当代法学》2013 年第 6 期，第 141 页。

〔5〕 姜皇池：《国际海洋法》（上册），学林文化事业有限公司 2004 年版，第 554 页。

〔6〕 王军敏："论军舰在海洋法中的法律地位"，载《青岛海洋大学学报（社会科学版)》2002 年第 2 期，第 47 ~ 48 页。

〔7〕 魏敏主编：《海洋法》，法律出版社 1987 年版，第 95 页。

〔8〕 张海文："关于国际海峡法律制度与我国台湾海峡法律地位的研究"，载高之国、张海文主编：《海洋国策研究文集》，海洋出版社 2007 年版，第 452 页。

〔9〕 邵津主编：《国际法》，北京大学出版社、高等教育出版社 2014 年版，第 138 ~ 139 页。

〔10〕 余民才："浅论用于国际航行的海峡的概念"，载《中外法学》1998 年第 2 期，第 76 ~ 79 页。

〔11〕 童伟华："我国使用的国际战略海峡航行利益维护对策"，载《河南财经政法大学学报》2015 年第 3 期，第 19 页。

海峡中不存在一条专属经济区或公海通道；另一类是专属经济区或公海海峡，但海峡内存在的专属经济区或公海通道在航行和水文特征方面并不方便。[1] 曾令良（2011）提出了过境通行制度的三类不适用情形，分别为《海洋法公约》的第36条、第38（1）条的但书条文和第45（1）（b）条规定的情况。[2]

第三，在适用目的方面，王泽林（2014）简要分析了“继续不停和迅速过境”的含义及其例外情况。并指出，过境通行的核心内容是行使航行和飞越自由的权利，为单一之目的，继续不停和迅速过境，而且不得受阻碍。[3] 对此，李兵（2005）在其博士论文中也有所涉及。[4]

（五）关于过境通行制度与其他通行制度的比较

国内学者对过境通行制度与其他航行制度的比较，主要集中于其与无害通过制度的比较上。如魏敏（1986）[5]、罗祥文（1986）[6]、仲光友（2012）[7]、张国斌（2015）[8]、宋可（2015）[9] 等人阐述了二者的异同点；台湾学者 Joshua Owens

---

〔1〕 管松：“争议海域内航行权与海洋环境管辖权冲突之协调机制研究——以南中国海为例”，厦门大学2012年博士学位论文，第25页。

〔2〕 梁西原著主编，曾令良修订主编：《国际法》，武汉大学出版社2011年版，第167页。

〔3〕 王泽林：《北极航道法律地位研究》，上海交通大学出版社2014年版，第105～107页。

〔4〕 李兵：“国际战略通道研究”，中共中央党校2005年博士学位论文，第318～320页。

〔5〕 魏敏主编：《海洋法》，法律出版社1987年版，第110～112页。

〔6〕 罗祥文：“国际法上的海峡通行制度”，载《北京大学学报（哲学社会科学版）》1986年第4期，第124～125页。

〔7〕 仲光友、李莉：“无害通过制与过境通行制的区别”，载《政工学刊》2012年第2期，第64～65页。

〔8〕 张国斌：“无害通过制度研究”，华东政法大学2015年博士学位论文，第68～71页。

〔9〕 宋可：“过境通行制度下国际海峡环境保护的合作”，载《法大研究生》2015年第2期，第6～8页。

(2011) 简要概括出过境通行制度与无害通过制度的主要区别：过境通行不可被中止，过境通行制度的适用对象还包括飞机，过境通行制度下潜艇不必浮出水面。[1]

王苏君（2007）的论文从各航行制度适用的海域、制度适用的对象、各种制度对船舶飞机通过的要求、通过的目的及有关各方权利义务等角度对《海洋法公约》中的四类航行制度展开了比较分析。[2]

此外，胡增祥（2000）简要提出了过境通行与群岛海道通过的异同点，[3] 张小奕（2014）则简要概括分析了过境通行制度与无害通过制度、群岛海道通过制度的差异。[4]

（六）关于中国与过境通行

蓝海昌（1988）指出，中国批准《海洋法公约》后，不会于渤海湾和琼州海峡适用过境通行制度。[5] 赵理海（1991）认为，过境通行制度很大程度上有利于中国发展海上力量。[6] 姜延迪（2010）注意到，中国官方对待用于国际航行的海峡的过境通行制度的正式主张是，其应得到国际社会的遵守和维护。[7] 余民才（2012）指出，包括过境通行权的航行权利和自由，是中国商船

---

〔1〕 Joshua Owens、邓诚：“论白令海峡的法律地位”，载《中国海洋法学评论》2011年第2期，第68～69页。

〔2〕 王苏君：“国际海域通行制度之比较”，载《东南大学学报（哲学社会科学版）》2007年第S2期，第145～147页。

〔3〕 胡增祥、马英杰、刘居艳：“论船舶海上通行权的法律制约”，载《青岛海洋大学学报（社会科学版）》2000年第2期，第46～47页。

〔4〕 张小奕：“试论航行自由的历史演进”，载《国际法研究》2014年第4期，第28～29页。

〔5〕 蓝海昌：“我国批准《联合国海洋法公约》利弊剖析”，载《法学评论》1988年第6期，第34～35页。

〔6〕 赵理海：“《联合国海洋法公约》的批准问题”，载《北京大学学报（哲学社会科学版）》1991年第4期，第58页。

〔7〕 姜延迪：“国际海洋秩序与中国海洋战略研究”，吉林大学2010年博士学位论文，第138页。

和军舰自由进出海洋，特别是通过国际海峡的重要法律保障。[1]马英杰（2013）指出，国际海上航线严重依赖战略海峡，《海洋法公约》确立的过境通行制度，有利于中国的国家利益。[2]罗国强（2014）指出，某些海峡沿岸国对海峡航行制度的限制，将阻碍中国船舶的航行权。[3]张晏瑲（2016）指出，海峡沿岸国扩展其海域管辖权，将一百余条原用于国际航行的海峡置于国家主权之下，是对“21 世纪海上丝绸之路”的挑战。[4]

而关于对中国有重大战略意义的马六甲海峡，文铂（2013）提出，马六甲海峡并非实行过境通行制，而是实行无害通过制。[5]林菁（2009）则指出，《海洋法公约》制定前后，马六甲海峡的航行制度实现了从公海自由和无害通过制度向过境通行制度的转变。[6]龚迎春（2006）[7]、薛力（2011）[8]亦持此一观点。

二、国外文献综述

（一）基本成果概览

国外国际法学界在研究国际海峡制度时对过境通行有所涉

〔1〕 余民才：“中国与《联合国海洋法公约》”，载《现代国际关系》2012 年第 10 期，第 62 页。

〔2〕 马英杰、张红蕾、刘勃：“《联合国海洋法公约》退出机制及我国的考量”，载《太平洋学报》2013 年第 5 期，第 27 页。

〔3〕 罗国强：“《联合国海洋法公约》的立法特点及其对中国的影响”，载《云南社会科学》2014 年第 1 期，第 129 页。

〔4〕 张晏瑲：“由国际海洋法论海上丝绸之路的挑战”，载《法律科学（西北政法大学学报）》2016 年第 1 期，第 175 页。

〔5〕 文铂：“马六甲海峡通行制度及其管理”，载《国际研究参考》2013 年第 8 期，第 22 ~ 23 页。

〔6〕 林菁：“马六甲海峡海盗和武装抢劫防治机制研究”，载《中国海洋法学评论》2009 年第 2 期，第 96 页。

〔7〕 龚迎春：“马六甲海峡使用国合作义务问题的形成背景及现状分析”，载《外交评论（外交学院学报）》2006 年第 1 期，第 91 页。

〔8〕 薛力：“马六甲海峡西段海盗活动适用于普遍管辖权”，载《南洋问题研究》2011 年第 4 期，第 46 页。

及，代表性著作主要如下：Brüel（1947）的*International Straits*；Koh（1982）的*Straits in International Navigation*；Jia（1998）的*The Regime of Straits in International Law*；Martín（2010）的*International Straits*；Caminos（2014）的*The Legal Regime of Straits*。

其中第一本的年代较为久远，彼时国际法中尚无过境通行，但其对海峡概念和标准的分析对后世学者研究海峡制度具有开创性意义；第二本的成稿是在《海洋法公约》正式公布之前，书中对第三次海洋法会议达成的系列协议作了着重分析；第三本在研究海峡制度时对过境通行有所涉及，文中许多观点为后来诸多文献所参考；第四本和第五本是最近几年的新著作，核心立场是主张在海峡适用适度宽松的航行飞越制度，并对国际社会中部分沿岸国的违法行为作了评价。

（二）关于过境通行制度的沿革

1. 过境通行制度产生前的海峡航行制度

1609年，Grotius将《捕获法》的第12章提取出来匿名发表[1]，即赫赫有名的《海洋自由论》，其核心论点为海洋航行自由神圣不可侵犯。[2] 自Grotius以来，航行自由成为管理海洋空间的法律制度中的最古老和最广为接受的原则之一。[3] 18世纪末英国彻底击败荷兰后，此观点得到了英国的普遍认同，随之成为世界现代海洋法的基础。[4] 希金斯（1951）指出，（在《领海

---

〔1〕 Grotius解释："匿名对我来说更安全，犹如画家躲在画架后边一样，可更清楚地发现他人的评价，并且可更仔细地思考可能会出现的反对该书的任何东西。"计秋枫："格老秀斯《海洋自由论》与17世纪初关于海洋法律地位的争论"，载《史学月刊》2013年第10期，第99页。

〔2〕 Hugo Grotius, *The Free Sea*, Indianapolis: Liberty Fund Inc, 2004, pp. 10～13.

〔3〕 Rüdiger Wolfrum, "Freedom of Navigation: New Challenges", https://www.itlos.org/fileadmin/itlos/documents/statements_of_president/wolfrum/freedom_navigation_080108_eng.pdf, last visited on June 2, 2016.

〔4〕 张磊："论国家主权对航行自由的合理限制——以'海洋自由论'的历史演进为视角"，载《法商研究》2015年第5期，第177页。

及毗连区公约》于 1964 年生效之前）若一海峡构成国际交通要道，如麦哲伦海峡、美岛海峡和甘索海峡等，则须允许各国船只自由航行。[1]

2. 过境通行制度的形成

Sohn（2010）指出，在第三次海洋法会议中，许多海洋国家担心，领海宽度扩张至 12 海里后，全球 100 多条宽度不足 24 海里的国际海峡将成为沿岸国的领海，沿岸国对其领海的无害通过的规制，将侵害他国的航行权，因此，《海洋法公约》建立了一套独立的海峡过境通行制度。[2] Vukas（2004）对此亦有类似表述。[3] 但并未见有学者提出，过境通行制度的形成是对习惯法规则的编纂。

（三）关于过境通行制度相关主体的权利义务

Churchill（1999）指出，虽然《海洋法公约》并未像规定无害通过制度的“无害”那样，规定过境通行制度的规范标准，但过境通行的船舶、飞机亦需避免对沿岸国使用武力或进行武力威胁，这是一项附随的义务。[4] George（2008）提出了一个有意义的疑问，沿岸国是否有权停止过境通行的船舶？根据《海洋法公约》第 3 部分第 2 节的相关规定，答案是否定的，但公约第 12 部分第 7 节之第 233 条的规定似乎又为海峡沿岸国的执行措施（enforcement measures）提供了依据。[5] Tuerk（2012）指出，包括

---

〔1〕［英］希金斯、哥伦伯斯：《海上国际法》，王强生译，法律出版社 1957 年版，第 143～144 页。

〔2〕 Louis B. Sohn, Kristen Gustafson Juras, John E. Noyes and Erik Franckx, *Law of the Sea in a nutshell*, Eagan: West Publishing Company, 2010, pp. 229～230.

〔3〕 Budislav Vukas, *The Law of the Sea: Selected Writings*, Leiden · Boston: Martinus Nijhoff Publishers, 2004, p. 142.

〔4〕 Robin Rolf Churchill and Alan Vaughan Lowe, *The Law of the Sea*, Huntington: Juris Publishing, 1999, p. 107.

〔5〕 Mary George, *Legal Regime of the Straits of Malacca and Singapore*, Singapore: LexisNexis, 2008, pp. 73～74.

过境通行在内的海上航行制度，对于海洋大国而言至关重要，捍卫这些航行权就成了第三次海洋法会议中海洋大国同意沿岸国修改海洋法的前提。[1]

（四）关于过境通行制度的适用

第一，在适用对象方面，英美学者大多肯定其范围包括所有船舶和飞机，如 Moore（1980）指出过境通行制度的适用对象为包括潜艇在内的所有船舶和飞机。[2] 美国海军部（2007）亦认为包括军舰、辅助舰船和军用航空器在内的所有国家的船舶和飞机均享有过境通行权，潜艇可以通常的下潜方式自由通过海峡。[3]

第二，在适用的地理范围方面，Dunlap（1996）指出，过境通行制度适用于第 37 条规定的海峡，但是存在第 35（a）条、第 35（b）条、第 35（c）条和第 36 条规定之四类例外情形。[4] Bordunov 的论述与之类似。[5]

第三，在适用目的方面，Anderson（2008）在其著作中对《海洋法公约》第 38 条作了简要解释，认为徘徊、盘旋和演习，不属于"继续不停和迅速过境"的目的，但其并未指出"继续不停和迅速过境"的具体内涵。[6]

第四，在适用例外方面，一般认为《海洋法公约》第 35

---

〔1〕 Helmut Tuerk, *Reflections on the Contemporary Law of the Sea*, Leidon · Boston: Martinus Nijhoff Publishers, 2012, p. 26.

〔2〕 John Norton Moore, "The Regime of Straits and the Third United Nations Conference on the Law of the Sea", *American Journal of International Law*, 1980 (1), p. 74.

〔3〕［美］美国海军部等：《美国海上行动法指挥官手册（2007 版）》，宋云霞等译，海洋出版社 2012 年版，第 27 页。

〔4〕 William V. Dunlap, *Transit Passage in the Russian Arctic Straits*, Durham: University of Durham, 1996, p. 25.

〔5〕 V. D. Bordunov, "The Right of Transit Passage under the 1982 Convention", *Marine Policy*, 1988 (12), pp. 219 ~ 220.

〔6〕 David Anderson, *Modern Law of the Sea: Selected Essays*, Leiden · Boston: Martinus Nijhoff Publishers, 2008, pp. 140 ~ 141.

(c) 条规定的长期存在、现行有效的专门海峡公约调整的海峡在世界范围内主要包括土耳其海峡、丹麦海峡和麦哲伦海峡。对于这三大海峡，分别有 Aybay (1998)[1]、Dyoulgerov (1999)[2]、ünlü (2002)[3]、Koskenniemi (1996)[4]、Elferink (2000)[5]、Morris (1989)[6]、Infante (1995)[7] 等学者在著述中展开了研究，分析了其适用的有效公约及现行的航行制度等，特别是对于土耳其海峡的著述尤为丰富。

(五) 关于过境通行制度与其他通行制度的比较

Martín (2010) 指出，《海洋法公约》第 37～44 条创设的过境通行制度，包含着公海自由的基本内涵，比无害通过制度更为自由，他将过境通行制度与无害通过制度的区别概括为三点：一是过境通行制度还包括飞机的飞越权；二是过境通行制度中，潜艇不必浮出水面；三是过境通行制度中海峡沿岸国的立法权更加容易实现 (it is easier to achieve this power)。[8] 此外还有

---

〔1〕 G. Aybay and N. Oral, "Turkeyis Authority to Regulate Passage of Vessels through the Turkish Straits", *Perceptions*, 1998 (3), pp. 84～108.

〔2〕 Milen Dyoulgerov, "Navigating the Bosporus and the Dardanelles: A Test for the International Community", *International Journal of Marine and Coastal Law*, 1999 (14), pp. 57～100.

〔3〕 Nihan ünlü, *The Legal Regime of the Turkish Straits*, Hague: Martinus Nijhoff Publishers, 2002.

〔4〕 Martti Koskenniemi, "Case Concerning Passage through the Great Belt", *Ocean Development and International Law*, 1996 (27), pp. 255～289.

〔5〕 Alex G. Oude Elferink, "The Regime of Passage through the Danish Straits", *International Journal of Marine and Coastal Law*, 2000 (15), pp. 555～566.

〔6〕 Michael A. Morris, *The Strait of Magellan*, Dordrecht and Boston: Nijhoff, 1989.

〔7〕 Maria Teresa Infante, "Straits in Latin America: The Case of the Strait of Magellan", *Ocean Development and International Law*, 1995 (26), pp. 175～187.

〔8〕 Ana G. López Martín, *International Straits: Concept, Classification and Rules of Passage*, Berlin: Springer, 2010, p. 151.

Grunawalt （1986）[1]、Larson （1987）[2] 和 Anderson （2008）[3] 等学者的著述对相关比较作了研究。

三、存在的争论及评价

国内外学者在如下五个方面的研究存在争论：

（1）就海峡沿岸国对违反过境义务的船舶和飞机是否有权采取强制执行措施，国际社会存在较大争论。

（2）对于作为过境通行适用范围的海峡及其海域的界定，国内外学界和各国间存在着争论。

（3）就过境通行制度在习惯国际法上的地位、《海洋法公约》非缔约国是否负有过境通行之义务，国内外学界和各国间存在着争论。

（4）对于中国的台湾海峡是否有特定海域适用过境通行制度，国内外学界和各国间存在着争论。

（5）在对《海洋法公约》第 36 条、38 条等第 3 部分有关条款的理解方面，国内外学界和各国间存在着争论。

争论的存在，需要一篇博士论文对当代困境的法律进行评析，并重新考虑现有法律文献中尚未解决的问题。

第三节　研究思路、方法及创新点

一、研究思路

与《海洋法公约》中的无害通过制度、航行飞越自由相比，

---

〔1〕 Richard J. Grunawalt, *The Law of the Sea: What Lies Ahead? Proceedings of the 20th Conference of the Law of the Sea Institute*, Honolulu: University of Hawaii, 1986, pp. 137 ~ 140.

〔2〕 David L. Larson, "Innocent, Transit, and Archipelagic Sea Lanes Passage", *Ocean Development and International Law*, 1987 (18), pp. 411 ~ 444.

〔3〕 David Anderson, *Modern Law of the Sea: Selected Essays*, Leiden · Boston: Martinus Nijhoff Publishers, 2008, pp. 127 ~ 128.

过境通行制度从概念的产生到成为一项条约国际法规则，经历的过程非常短暂，自 1974 年英国向第三次海洋法会议第二委员会提交的《关于领海和海峡的条款草案》（以下简称英国草案）首提“过境通行”至 1982 年《海洋法公约》开放签字，只用了 8 年时间，它是造法性条约的创设性规则，近几十年来，国际社会对过境通行的认识逐步加深，挑战与维护并存。

过境通行制度是保障航行权的制度，倾向于航行飞越自由，国际社会应维护其作为条约规则的权威性与神圣性。作为海洋法学者，无论是从国际规则捍卫者的角度出发，还是从国家利益的角度出发，均有责任将其内涵阐释清晰，实际上这两个角度是一致的。

过境通行制度规定于《海洋法公约》第 3 部分之中，虽说该部分仅有 12 个条文，条文的措辞也相对简要，但其内涵却异常复杂。本书第一章阐述了过境通行制度的发展历程。第二章界定了过境通行制度的国家权利义务，包括海峡沿岸国的权利、义务，海峡使用国的权利、义务，以及海峡使用国与海峡沿岸国的合作三大块，以示划分海峡沿岸国和使用国的各自利益。第三章阐述了过境通行制度的适用规则，包括适用对象、适用范围、适用目的以及在适用上过境通行制度与其他通行制度的不同。第四章则证成过境通行属于一项习惯国际法规则，它目前已满足了条约转化为习惯的四大条件，即条约规则的创制性、条约规则的普遍性、国家实践与法律确信，这就说明了国际社会对过境通行相关义务的遵守，并不仅是条约法义务，而且是习惯法义务，它对《海洋法公约》非缔约国亦有效。第五章则阐述了中国与过境通行的关系问题，中国主要的海上贸易通道、重要的能源通道以及重要的海洋军事战略通道，均需过境通行相关国际海峡。然而中国国内并无适用过境通行制度的国际海峡，台湾海峡属于《海洋法公约》第 36 条规定的非领峡，琼州海峡属于《海洋法公约》第 45 条规定的适用不应予以停止的无害通过制度的海峡，均不适用过境通行制度，因而该制度本身对中国而言，确实极为有利。

二、研究方法

1. 法律解释方法

主要以文义解释和历史解释的方法，对多部国际条约、多项国际法规则、多个国际法词汇等展开分析，把握其内涵特征、演进历程及发展规律。正如国际法委员会（International Law Commission）和许多学者所言，作为所有法律解释的首要方法，文义解释的优点不言自明，然其也存在一定局限性，如条约用语本身可能存在概括性和模糊性，多种作准文本的语义并非一致，等等，因而不能单独依赖此种方式，而需必要地增加其他解释方法，如历史解释。历史解释的优势在于通过考察条约缔结者的本来意图，进而精准地把握其真实内涵。

2. 案例分析方法

本书在阐述过境通行制度相关问题时，援引了国际司法机关的相关案例，如国际法院 1947 年科孚海峡案（英国诉阿尔巴尼亚）、1949 年渔业案（英国诉挪威）、1967 年北海大陆架案（德国诉荷兰、丹麦）、1991 年大贝尔特海峡通道案（芬兰诉丹麦）和国际海洋法法庭（以下简称海洋法法庭）2012 年自由号案（阿根廷诉加纳）等，并对其展开考察和评析，进而得出一定启示。

3. 文献研究方法

查阅、分析和总结大量相关中英文著作、论文和报告等资料，并访问大量相关的中外网站，以期最大程度地掌握本课题的国际学术动态和发展趋势。借鉴前期研究成果，进一步明确过境通行的相关重大理论、现实问题。

4. 比较分析方法

围绕过境通行制度的相关问题，通过收集文献资料，对中国、美国、英国、加拿大、俄罗斯和日本等具有代表性国家的立法及实践等进行一定的比较分析和总结。

5. 理论联系实际的方法

在阐述清楚过境通行制度的相关内涵后，将之与有关国际实践相结合，特别是对国际社会相关国家的立法展开评析，指出其违反《海洋法公约》相关规定之处，以期增加论文对维护国家利益的应用价值。

6. 综合分析方法

即综合运用法律的（包括但不限于国际海洋法）、政治的、经济的、军事的等多重视角来剖析过境通行制度的相关内涵，同时，善于运用计算机网络系统和社会调研的方法。

三、创新点

在查阅尽可能多文献的基础上，努力理清《海洋法公约》第3部分所有条款的规定，努力界定过境通行制度的内涵，推动下列创新：

（1）中国是海洋地理相对不利国，中国需要适用过境通行制度冲出岛链封锁、海通全球，阐释该制度的相关内涵，本身可能就是一项开创性工作。

（2）系统梳理自科孚海峡案以降，国际法对用于国际航行的海峡的界定标准，厘清用于国际航行的海峡的地理标准和功能标准，明确阐释过境通行制度相关主体的权利义务范围及其具体适用。

（3）系统考察条约国际法规则转化为习惯国际法规则的条件，并全面查证过境通行制度是否符合这些条件，最终证成过境通行已形成了一项习惯国际法规则。

（4）将我国对外开放基本国策、周边海洋地理现状与对过境通行制度的适用有机结合，通过解析该制度的内涵，阐释中国对过境通行权的享有是对国际法的正当适用。这对我国进行法律外交斗争、国内相关研究具有法理和实证的参考价值。

（5）详细阐述我国国内海峡的法律地位与航行制度，明确提出台湾海峡与琼州海峡均不适用过境通行制度。因此，虽说我国是海峡沿岸国，但并不需要承担过境通行制度的相关国际法义务，该项制度本身对中国而言极为有利。

第一章　过境通行制度的发展历程

过境通行制度的产生是第三次海洋法会议妥协折中的结果，是《海洋法公约》的创设性规则，一方面保留了海峡沿岸国的主权和管辖权，另一方面又赋予了所有船舶和飞机更自由的通行权。[1]

现代国际海洋法律秩序的建立，始于1930年海牙国联国际法编纂会议（The Hague Codification Conference）。[2]

第一，1930年海牙国联国际法编纂会议结束时，第二委员会的报告明确指出："然而无论基于何种理由，沿岸国均不得对军舰通过位于公海两部分之间的构成国际航道的海峡进行任何干扰。"虽然该规定仍列于船舶通过第三国领海之"无害通过问题"的框架之内，但较领水的无害通过制度已有了相当之区别。

第二，1949年国际法院在科孚海峡案（实质问题）的判决书中确认了习惯法中的一项权利：在和平时期，各国有权派遣军舰通过两部分公海之间的用于国际航行的海峡，如果这种通过是无害的。[3]

第三，1958年《领海及毗连区公约》第16（4）条首次以条

---

〔1〕 李红云："国际海峡的通行制度"，载《海洋与海岸带开发》1991年第1期，第64页。

〔2〕 杨泽伟：《国际法史论》，高等教育出版社2011年版，第173页。

〔3〕 See International Court of Justice：THE CORFU CHANNEL CASE（*United Kingdom of Great Britain and Northern Ireland v. Albania*）, 1947.

约规则的形式规定了海峡的航行制度，那就是不得停止之无害通过权。[1] 它在内涵上与领海中适用的无害通过制度确有不同，因为彼时在后者中，倘若外国船舶存在“妨害沿海国之和平、善良秩序或安全”之行为时，[2] 沿海国有权“在其领海内采取必要步骤，以防止非为无害之通过”[3]。然而国际海峡的通行制度仍被纳入领海无害通过制度的子范畴之下，潜水艇通过时需浮出水面，飞机仍无飞越权。但由于彼时大部分国家主张领海宽度为3海里，大部分国际海峡仍存公海航道，故而海权大国勉强接受。《领海及毗连区公约》的海峡通行规则一直持续至1982年《海洋法公约》的公布。

20世纪60年代至70年代，国际社会出现了扩张领海宽度的潮流，全球主张12海里或更多领海宽度的沿海国，从18%增加到了43%。[4] 海洋大国不认可在领峡适用无害通过制度。海峡制度开始独立成为被研究的对象。

第一节　联合国海底委员会和第三次海洋法会议期间三类国家的主张

美国国务院地理专家于1971年指出，领海宽度扩张至12海里后，全球将有116条知名国际海峡变成沿岸国的领海，[5] 若适用不得停止之无害通过权，将损害国际商业利益与海权大国之军事部署。时至20世纪60～70年代的联合国海底委员会和第三次

〔1〕《领海及毗连区公约》第16（4）条。

〔2〕《领海及毗连区公约》第14（4）条。

〔3〕《领海及毗连区公约》第16（1）条。

〔4〕 Hugo Caminos, “The Legal Regime of Straits in the 1982 United Nations Convention on the Law of the Sea”, *Recueil des cours*, 1987（205）, p. 63.

〔5〕 Kheng－Lian Koh, *Straits in International Navigation: Contemporary Issues*, New York: Oceana Publications, 1982, p. 27.

海洋法会议期间，海峡通过制度成了最尖锐的国际争端之一。

若以会议期间各国提案之内容划分，大致可分为主张航行飞越自由的美苏等国、主张无害通过的马来西亚等国以及主张妥协折中的英国这三大类。

一、美苏及其追随国的主张

（一）美国的主张

时至20世纪60年代末期的海底委员会期间，美国、英国和日本仍在会上坚持3海里的领海宽度，但彼时全球已有50多个国家主张12海里的领海界限，还有18个国家主张18～200海里的海洋区，[1] 美国知其势不可违，于是集中精力以12海里领海为条件换取国际海峡中的航行飞越自由。[2]

1970年5月23日，美国总统Nixon宣布："基于商业和通航之目的，和谐使用海洋尤为重要。美国愿意与其他国家一道致力于达成一项新的协议，这项新的协议将明确12海里的领海宽度以及国际海峡的航行自由。"[3]

1971年8月3日，美国向海底委员会提交了《关于领海宽度、海峡通行制度和捕鱼的条款草案》（以下简称美国草案），其中第2条涉及海峡航行制度，规定如下："①在公海之一部分与公海之另一部分或外国领海之间用于国际航行的海峡中，所有通

〔1〕 Ram Prakash Anand, *Law of the Sea: Caracas and Beyond*, Kalkaji: Radiant Publishers, 1978, pp. 13～14.

〔2〕 刘楠来等：《国际海洋法》，海洋出版社1986年版，第133页。

〔3〕 Horace B. Robertson and Jr, "Passage Through International Straits: A Right Preserved in the Third United Nations Conference on the Law of the Sea", *Virginia Journal of International Law*, 1980 (4), p. 806.

航之船舶与航空器以通过此种海峡为目的时，均应享有（shall[1] enjoy）如同公海般的航行飞越自由。沿岸国可（may）在此种海峡中划定适合所有船舶与航空器通航或飞越之走廊（corridors）。若海峡中存在着惯常用于通航之特定通道（channels）时，上述走廊应包括此种通道。②本条规定并不影响已生效之特定海峡的公约或其他国际协定。"[2]

（二）苏联的主张

对于美国草案，苏联认为其"可以作为有关海峡条款的基础"。[3] 20 世纪 70 年代初期，苏联已跃升为世界海洋强权国家，为此两国提案可谓大同小异。1974 年 7 月 17 日，由苏联牵头的保加利亚、捷克斯洛伐克、民主德国、波兰、乌克兰和苏联六国向第三次海洋法会议第二委员会提交了《关于用于国际航行的海峡的条款草案》（以下简称苏联等六国草案），草案共包括 3 个条文，主要内涵如下：[4]

（1）将用于国际航行的海峡限定为连接两部分公海之海峡，一切船舶和航空器均应享有航行、飞越此类海峡的自由。而连接公海与外国领海之海峡则适用不应予以停止的无害通过。

（2）船舶分为一般船舶与军舰，所有船舶通过国际海峡时均不应威胁沿岸国安全，并应遵守关于防止海上碰撞、避免污染等方面的国际协议。任何国家均无权干扰、中断或停止（interfere, interrupt or suspend）船舶在海峡中的过境。

---

〔1〕 第三次海洋法会议的起草委员会的报告认为，"'Shall'表示必要性和表达义务。"翻译上如同中文法律文本中的"应"或"应当"。［斐济］萨切雅·南丹、［以］沙卜泰·罗森原书主编，吕文正、毛彬中译本主编：《1982 年〈联合国海洋法公约〉评注》（第 2 卷），海洋出版社 2014 年版，第 29 页。

〔2〕 Horace B. Robertson and Jr, "Passage Through International Straits: A Right Preserved in the Third United Nations Conference on the Law of the Sea", *Virginia Journal of International Law*, 1980 (4), pp. 806 ~ 808.

〔3〕 魏敏主编：《海洋法》，法律出版社 1987 年版，第 100 页。

〔4〕 United Nations Document: A/CONF. 62/C. 2/L. 11, 1974, pp. 189 ~ 190.

（3）所有航空器均应享有飞越自由，但不应影响其他航空条约的规定。沿岸国有权指定空中走廊及飞行高度。军机不应使用任何武器、照相、盘旋、俯冲或进行任何与通过无关之行为。

与美国草案相比，苏联等六国草案相对更为适当地顾及了沿岸国的国家安全与利益。美、苏两国表示，除非包括军舰、军机在内的所有船舶和飞机均在用于国际航行的海峡上享有航行飞越自由，否则会议将无法对领海宽度的问题达成一致，甚至整个第三次海洋法会议也将不能达成任何协议。[1] 美、苏两国的主张代表了海洋强国对海洋自由、保障航行利益的要求，客观上也符合某些其他海峡使用国的长远利益。

二、马来西亚等部分海峡沿岸国的主张及部分国家对其的支持

1974 年 7 月 22 日，马来西亚、摩洛哥、阿曼和也门等四个海峡沿岸国向第三次海洋法会议第二委员会提交了《关于领海包括用于国际航行的海峡的航行制度的条款草案》（以下简称马来西亚等四国草案），共 23 条，主要内涵如下：[2]

（1）除了海峡沿岸国需承担的特定义务和享有的特定权利外，用于国际航行的海峡的属于沿岸国的领海部分海域与沿海国的领海海域所适用的航行制度应完全一致，皆为无害通过。

（2）海峡沿岸国的特定义务是：①对于外国商船的通过，应推定为无害；②不应停止船舶的无害通过；③不应妨碍船舶的通过，应尽一切努力确保其迅速通过，不应对特定国家给予形式上或实质上的歧视。

（3）海峡沿岸国的特定权利是：可要求与利益相关国以及适

---

〔1〕 Ram Prakash Anand, *Law of the Sea: Caracas and Beyond*, Kalkaji: Radiant Publishers, 1978, p. 14.

〔2〕 United Nations Document: A/CONF. 62/C. 2/L. 16, 1974, pp. 192 ~ 195.

当的国际组织开展合作，以建立和维护海峡的导航、辅航设施。

(4) 无害通过的适用对象仅为船舶，不包括航空器。潜水艇和其他潜水器需要浮出水面并展示旗帜。沿岸国不应妨碍无害通过的外国船舶，并不应对特定国家构成任何歧视。

(5) 对非无害的界定如下：①任何战争、使用武力或威胁使用武力的行为；②任何军事演习行为；③发射或接载任何装置；④起落或接载任何飞机；⑤上下任何人员或货物；⑥、⑦任何影响沿岸国国防或安全的宣传行为、间谍行为；⑧、⑨任何干扰沿岸国通讯系统、其他设施或设备的行为；⑩开展任何形式的研究活动。

(6) 对军舰、核动力或运送核武器的船舶，沿岸国可要求事先通知或申请批准。

马来西亚等四国草案中主张的“用于国际航行的海峡”既包括领峡也包括非领峡，只要是位于沿岸国领海部分，则该部分海域就适用无害通过制度。此主张反映了海峡沿岸国与不少发展中国家维护国家主权、保障海洋利益的心声。据统计，在国际海峡适用无害通过的制度，彼时得到了全球 39 个国家和地区的主张或支持，这些国家遍布五大洲，具有一定的代表性：主张无害通过且军舰应事先通知或获得批准的国家和地区有 21 个，它们是亚洲的中国、柬埔寨、塞浦路斯、印度尼西亚、朝鲜、科威特、马来西亚、阿曼、菲律宾、斯里兰卡、也门；非洲的阿尔及利亚、埃及、加纳、摩洛哥、尼日利亚、坦桑尼亚；美洲的秘鲁；欧洲的阿尔巴尼亚、希腊、西班牙。一般支持无害通过原则的国家和组织有 18 个，它们是亚洲的伊朗、巴基斯坦、泰国；非洲的非洲统一组织、刚果（布）、冈比亚、几内亚比绍、肯尼亚、毛里塔尼亚、塞拉利昂、索马里、突尼斯；美洲的巴拿马；欧洲的丹麦、芬兰、瑞典、南斯拉夫；以及大洋洲的斐济。[1]

具体如中国。中国代表沈韦良于1972年7月24日在海底委员会第二小组会议上发言时指出："两个超级大国所鼓吹的要求在属于沿岸国领海范围内的海峡有权自由通过的主张，是无视沿岸国主权的，因而是不能接受的。"[2] 但有资料显示，中国政府于2006年12月7日调整了立场："过境通行制度……应该得到维护。"[3]

如西班牙。1974年7月10日，西班牙向会议提交了《关于领海的性质和特征的条款草案》，其第3条提出："沿海国的主权，延伸至海峡的领海部分，而不管这些海峡是否用于国际航行；沿海国对海峡的领海部分行使主权，与在领海上行使主权没有区别；同时亦应遵守其他国际法规则。"[4]

如非洲。1974年7月19日，非洲统一组织向会议提交了《关于海洋法问题的宣言》，提出："非洲国家认识到海峡在国际航行中之重要性，原则上支持其适用无害通过制度，但该制度本身需进一步明确。"[5]

如阿尔及利亚。1974年7月23日，阿尔及利亚向会议提交了《关于用于国际航行的海峡和半闭海的条款草案》，其第2条指出："军舰和政府船舶基于非商业目的而通过用于国际航行的海峡时，享有无害通过权。为维护沿岸国的国家安全、航行安全

---

〔1〕 新华社国际部资料组编：《海洋权问题资料（续）》，人民出版社1974年版，第64页。

〔2〕 北京大学法律系国际法教研室编：《海洋法资料汇编》，人民出版社1974年版，第33页。

〔3〕 "刘振民大使在第61届联大全会关于'海洋和海洋法'议题的发言"，载http://www.fmprc.gov.cn/ce/ceun/chn/ldhy/yw/ld61/t289496.htm，最后访问日期为2017年2月15日。

〔4〕 United Nations Document：A/CONF. 62/C. 2/L. 6，1974，pp. 187～188.

〔5〕 United Nations Document：A/CONF. 62/33，1974，p. 63.

等合法权利和利益，此时的无害通过权必须予以确立。”[1]

如斐济。1974年7月23日，斐济向会议提交了《关于领海包括用于国际航行的海峡的通行制度的条款草案》（以下简称斐济草案），其第4（2）条提出：“……用于国际航行的海峡适用不应予以停止的无害通过权。”[2]

三、英国的折衷主张

同时拥有用于国际航行的海峡（多佛尔海峡、直布罗陀海峡）的沿岸国与海峡使用国双重身份的英国的立场，在会议中较受关注。该国基本支持航行飞越自由的立场，但与此同时，为折中各方观点以达共识，它在草案中提出了过境通行制度。

1974年7月3日，英国草案第3章规定了“用于国际航行的海峡的通行”，在国际社会首创了过境通行的概念，主要内涵如下：[3]

（1）过境通行的对象：所有船舶和飞机均享有过境通行权，这项权利不应受到阻碍。

（2）过境通行的界定：是指在公海的一个部分和公海的另一部分或海峡沿岸国之间的海峡，专为继续不停和迅速过境的目的而行使的航行和飞越自由。而在公海的一个部分和外国领海之间的海峡，则适用草案第2章第3部分的无害通过制度，但不应予以停止。

（3）过境通行制度的适用例外：①海峡中存在同样适当（equally suitable）的一条公海航道；②海峡是由海峡沿岸国的一个岛屿形成，该岛向海一面有同样适当的一条穿过公海的航道；③不影响海峡中的任何公海海域范围；④不影响其他现行有效的

---

〔1〕 United Nations Document：A/CONF. 62/C. 2/L. 20, 1974, p. 199.

〔2〕 United Nations Document：A/CONF. 62/C. 2/L. 19, 1974, p. 197.

〔3〕 United Nations Document：A/CONF. 62/C. 2/L. 3, 1974, pp. 185 ~ 186.

专门海峡协定。

（4）过境的船舶和飞机的义务：①毫不迟延；②不应作出与过境通常方式无关的行为，不应对沿岸国的领土完整或政治独立使用武力或武力威胁；③过境的船舶和飞机还应遵守各自有关的其他国际协议，如关于避免船舶碰撞、防控船舶污染的公约，1944 年芝加哥《国际民用航空公约》，等等。

（5）海峡沿岸国的权利：①可指定海道和规定分道通航制；②在防止排放油类、油污废物和其他有毒物质方面可制定法律规范。

（6）海峡沿岸国的义务：不应妨碍过境通行。

（7）海峡沿岸国和使用国应开展的合作义务：①建立必要的助航和安全设备；②预防和控制来自船舶的污染。

彼时英国草案关于海峡的内容得到了多数国家的认同，构成了第三次海洋法会议达成的系列协议的实质来源。

第二节　第三次海洋法会议达成的系列协议

系列协议七次成文，终于公约[1]：1975 年 5 月 7 日《非正式单一协商案文》（Informal Single Negotiating Text，以下简称 ISNT）；1976 年 5 月 6 日《订正的单一协商案文》（Revised Single Negotiating Text，以下简称 RSNT）；1977 年 7 月 15 日《非正式综合协商案文》（Informal Composite Negotiating Text，以下简称 ICNT）；1979 年 4 月 28 日 ICNT 第一次修订稿；1980 年 4 月 11 日 ICNT 第二次修订稿；1980 年 9 月 22 日 ICNT 第三次修订稿；1982 年 12 月 10 日《海洋法公约》。

---

〔1〕 国内国际法著述对于 ISNT、RSNT、ICNT 的翻译各有不同，本书对其的翻译，采纳的是吕文正译作的用语。[斐济] 萨切雅·南丹、[以] 沙卜泰·罗森原书主编，吕文正、毛彬中文译本主编：《1982 年〈联合国海洋法公约〉评注》（第 2 卷），海洋出版社 2014 年版，第 6 ~7、9 页。

一、ISNT

（一）关于对过境通行的界定

ISNT规定得更为全面，由于彼时专属经济区的概念得以提出并得到了国际社会的肯定，英国草案第3章第1（2）条的“公海的一个部分”的表述，就被ISNT第37条修订为“公海或专属经济区的一个部分”，即过境通行“适用于在公海或专属经济区的一个部分和公海或专属经济区的另一个部分之间的用于国际航行的海峡”。后来的《海洋法公约》第37条的实质内容与其一致。

（二）关于过境通行制度的适用例外

（1）增加了对内水的规定，ISNT第35（a）条规定，本部分的任何规定不影响“海峡内任何内水区域”，“但按照第6条直线基线划法，使得原本是公海或领海的区域被划定为内水的情况则除外”。一定程度上更加保障了海峡使用国的利益。

（2）英国草案第3章第10条规定的不影响“其他现行有效的专门海峡协定”，被ISNT第35（c）条增加了“长期存在”之限定性措辞，意即，假设一条海峡没有长期存在的专门条约，则应适用过境通行制度，意义在于增强了过境通行制度在国际海峡上的适用性。后来的《海洋法公约》第35（c）条保留了该措辞。

（3）英国草案第3章第1（4）（a）条和第1（4）（b）条中“equally suitable”的措辞，在关于海峡问题的私人小组（Private Group on Strait）的提议下，被ISNT第36条、第38（1）条修订为“同样方便（similar convenience）”，后来的《海洋法公约》第36条、第38（1）条亦是如此。本书在涉及《海洋法公约》中文作准文本第36条和第38（1）条中的“同样方便”之措辞时，均以“similar convenience”来代替。[1]“similar”的相似程度比“equally”要低，“equally”为公平、相等，而“similar”为近似、类似。只要“similar convenience”就不适用过境通行，而非只有“equally suitable”才不适用过境通行。此修订在一定程度上更体现了海峡沿岸国的利益。

《海洋法公约》第36条规定的海峡实际上包括两类：一类是最小宽度部分超过24海里的海峡；另一类是虽然海峡的宽度小于24海里，但海峡沿岸国对其领海宽度的主张小于该海峡宽度的1/2的海峡。前者如奥特朗托海峡（Otranto Strait）、斯卡格拉克海峡（Skagerrak Strait）、墨西拿海峡（Messina Strait）、桑给巴尔海峡（Zanzibar Channel）等，后者以日本境内宗谷海峡、津轻海峡、对马海峡东水道、对马海峡西水道和大隅海峡为代表。但

---

〔1〕 下文在涉及《海洋法公约》第36条和第38（1）条中之“同样方便”之中文措辞时，全部以“similar convenience”代替。这是因为：1974年英国草案第3章第1（4）（a）条、第1（4）（b）条中“equally suitable”的措辞，在关于海峡问题的私人小组（Private Group on Strait）的提议下，被ISNT第36条、第38（1）条修订为了“similar convenience”，后来的《海洋法公约》第36条、第38（1）条亦是如此。从“equally”到“similar”，相似程度趋低，“equally”为公平、相等，而“similar”为近似、类似。2004年版《Black's Law Dictionary》第4316页将“similarity”的意思界定为“相似性。在知识产权法中，一个商标与另一个商标的相似程度决定其侵权程度。”那么公约的意思就是说，只要“类似方便”就视为满足了第36条的条件了，就不再适用过境通行制度了。措辞修改的背后体现了不同利益集团的博弈，反映了沿岸国权利的扩张。也就是说，公约的精神是，使用于国际航行的非领峡更容易被认定为符合第36条的规定，那么其领海就不适用过境通行制而是适用无害通过制。《海洋法公约》中文作准文本中的“同样方便”的内涵与英文文本中的“similar convenience”的内涵并不完全契合，尚未区分“equally”与“similar”的内涵，无法精准反映出第三次海洋法会议中系列协议的演进过程。有的学者主张遇到这种情况就将错就错，即便中文文本翻译不一，但亦应按照错误的措辞进行理解，因为中文文本本身就是作准文本之一。但作者不持这种观点，因为那将造成中国的国际法研究自说自话，但是本书又不好将其直接措辞为“类似方便”，那将造成无谓的混淆，因而本书在涉及《海洋法公约》中文文本中的“同样方便”时，只以英文“similar convenience”来代替，这可能是唯一差强人意的做法。

ISNT 并未指出应从哪些方面来界定“similar convenience”的范围，这就造成了不同国家间的争议，后来的 RSNT 解决了这一问题。

（三）关于过境的船舶和飞机的义务

英国草案第 3 章第 2（1）（a）条规定了其“不应作出与过境通常方式无关的行为”，ISNT 第 39（1）（c）将其修订为“除因不可抗力或遇难而有必要外，不从事其继续不停和迅速过境的通常方式所附带发生的活动以外的任何活动”。意即，当有遇见不可抗力或遇难之必要时，过境的船舶和飞机有权从事非通常方式之活动，典型如遇龙卷风或台风时船舶的入港行为等。其意义在于一定程度上缩小了过境的船舶和飞机所承担的义务。后来的《海洋法公约》第 39（1）（c）条全文与其一致。

（四）关于海峡沿岸国的权利

（1）ISNT 对海峡沿岸国指定海道和规定分道通航制的权利增设了一些限制性规定：

ISNT 第 40（3）条规定：“这种海道和分道通航制应符合一般接受的国际规章。”后来的《海洋法公约》第 41（3）条的实质内容与其一致。

ISNT 第 40（5）条规定：“对于某一海峡，如所提议的海道或上述通航制穿过该海峡两个或两个以上沿岸国的水域，有关各国应同主管国际组织协商，合作拟订提议。”后来的《海洋法公约》第 41（5）条的实质内容与其一致。

（2）调整了海峡沿岸国立法管辖权的范围：

英国草案第 3 章第 4（1）（a）条规定的“对第 3 条的规定”，被 ISNT 第 41（1）（a）条修订为“对第 40 条所规定的航行安全和海上交通管理”，这就使得立法管辖权的范围限定于“航行安全”与“海上交通管理”方面，一定程度上削弱了沿岸国权利。后来的《海洋法公约》第 42（1）（a）条实质内容与其一致。

ISNT 第 41（1）（c）条、第 41（1）（d）条增设了两项范围，是关于防止捕鱼与防止违反海关、财政、移民、卫生等方面的，一定程度上增加了沿岸国的权利。后来的《海洋法公约》第 42（1）（c）条的全文、第 42（1）（d）条的实质内容与其一致。

ISNT 第 41（2）条新增规定，立法管辖权不应"在其适用上有否定、妨碍或损害本节规定的过境通行权的实际后果"。其意义在于再次强调沿岸国的义务。后来的《海洋法公约》第 42（2）条的实质内容与其一致。

(五) 关于海峡的无害通过

ISNT 第 44（1）条对无害通过的规定，比英国草案第 3 章第 8（1）条更为明确，将其适用情形明确分为了两大类：一类是按照第 2 节不适用过境通行制度的海峡，由于 ISNT 第 36 条的不适用情形并未规定在第 2 节内，所以此处所指的海峡即 ISNT 第 38（1）条所规定的大陆/岛屿型海峡；另一类是在公海或专属经济区的一个部分和外国领海之间的海峡。后来的《海洋法公约》第 45（1）条的实质内容与其一致。

通过上述分析可知，ISNT 对过境通行和无害通过的界定及对有关各方权利义务的区分等，比英国草案更加清晰明了，同时反映了 ISNT 对各方利益的谨慎平衡。

二、RSNT

RSNT 第 2 章"用于国际航行的海峡"对 ISNT 第 2 部分的内容修订如下：[1]

(一) 关于过境通行制度的适用范围

ISNT 第 38（3）条的内容为"本条规定之过境通行权亦可适用于，在一个海峡沿岸国入境条件的限制下，为过境之目的而往

〔1〕 United Nations Document：A/CONF. 62/WP. 8/REV. 1/PartII，1976，pp. 158 ~ 160.

返海峡沿岸国的情况”。RSNT 第 37（2）条的但书规定将其修订为“但是，对继续不停和迅速过境的要求，并不排除在一个海峡沿岸国入境条件的限制下，为驶入、驶离该国或自该国返回的目的而通过海峡”。新条文将“为过境之目的”修订为“为驶入、驶离该国或自该国返回的目的”。修订后，使用国的船舶即便不是出于过境目的，亦可适用过境通行权，一定程度上扩大了适用对象的权利。由于该但书规定起初是英国针对新加坡海峡的具体情况而提出的，所以该规定又被称为“新加坡条款”。即，外国船舶和飞机即便并不为过境马六甲海峡，而是为驶入、驶离新加坡或自该国返回，亦可享有过境通行权。《海洋法公约》第 38（2）条的但书规定与其完全一致。

（二）关于过境通行制度的适用例外

第一，对内水的规定更为精准。ISNT 第 35（a）条的但书规定是“但按照第 6 条直线基线划法，使得原本是公海或领海的区域被划定为内水的情况则除外”。由于彼时专属经济区的概念得到了国际社会的肯定，所以直线基线划定之前的海域，也极有可能是专属经济区，因而 RSNT 的第 34（a）条将其修订为“但按照第 6 条直线基线划法使原来并未被认为是内水的区域被包围在内成为内水的情况除外”。后来的《海洋法公约》第 35（a）条的实质内容与其一致。

第二，明确了“similar convenience”的界定范围，根据彼时保加利亚的建议，RSNT 第 35 条、第 37（1）条对“similar convenience”增设了“航行”和“水文特征”方面的限定性措辞，即对其考量应从航行与水文特征而非其他任何方面进行，如气候、海水深度等，这在实质上缩小了沿岸国的解释范围，一定程度上扩展了海峡使用国的权利。后来的《海洋法公约》第 36 条、第 38（1）条的实质内容与其一致。

（三）其他某些细节方面

第一，为该章乃至 RSNT 的每一个条文都设定了标题，使其更为清晰、明了。

第二，增加了部分措辞，如 RSNT 第 38（1）（a）条、第 38（1）（b）条和第 39（4）条分别比 ISNT 第 39（1）（a）条、第 39（1）（b）条和第 40（4）条增加了“飞过（over）”“主权（sovereignty）”和“替换（substitute）”的规定，使表达更精确。

第三，修订了部分措辞，如 RSNT 各条将 ISNT 各条中的“strait state”修订为“State bordering the strait”，等等。

三、ICNT

ICNT 的演进情况如下：[1]

（一）关于外国船舶的义务

ICNT 第 40 条新增了一项外国船舶通过时的义务：“外国船舶，包括海洋科学研究和水文测量的船舶在内，在通过海峡时，非经海峡沿岸国事前准许，不可进行任何研究或测量活动。”该条体现了对海峡沿岸国权利的维护。后来的《海洋法公约》第 40 条的实质内容与其一致。自此以后的系列协议，对过境通行再无实质性修订。

（二）其他某些细节方面

如 ICNT 的第 39（2）（b）条、第 42（1）（b）条和第 43 条，分别比 RSNT 的第 38（2）（b）条、第 40（1）（b）条和第 41 条增加了“减少（reduction）”“减少和控制（reduction and control）”和“减少（reduction）”的措辞，使表述更为精准，等等。

四、ICNT 第一次修订稿、第二次修订稿和第三次修订稿

ICNT 的三次修订稿，对过境通行的修订均只是细枝末节，例如：

---

〔1〕 United Nations Document：A/CONF. 62/WP. 10，1977，pp. 10 ~ 11.

ICNT 第一次修订稿的第 38（3）条，将 ICNT 第 38（3）条的“the present Convention”修订为“this Convention”。[1]

ICNT 第二次修订稿的第 44 条，将 ICNT 第一次修订稿的第 44 条的“which it has knowledge”修订为“which they have knowledge”。[2]

ICNT 第三次修订稿的第 34 条的标题，将 ICNT 第二次修订稿的第 34 条的标题中的措辞“Juridical status”修订为“Legal status”。[3]

五、《海洋法公约》

《海洋法公约》对 ICNT 第三次修订稿的演进，亦只体现于某些细节方面，如在第 36 条中新增解释性规定，“在这种航道中，适用本公约其他有关部分其中包括关于航行和飞越自由的规定”。[4] 意思是说，符合本条情况的海峡，将不适用《海洋法公约》第 3 部分的规定，其领海、专属经济区和公海部分的航行制度将分别适用其第 2、5、7 部分的规定。事实上，即便不增加这一补充性规定，该条亦应作此理解，增加后，这一理解更为明确。

参考上述立法史可知，自 1974 年英国草案首提“过境通行”，至 1982 年《海洋法公约》的开放签字，过境通行制度得以创设并开始适用于全球相应的用于国际航行的海峡中。

第三节　过境通行制度的形成及其适用的海峡清单

晚近以来，随着国际交往的日渐增加，国际海峡的地位得到

〔1〕 United Nations Document：A/CONF. 62/WP. 10/Rev. 1，1979，pp. 33 ~ 37.

〔2〕 United Nations Document：A/CONF. 62/WP. 10/Rev. 2，1980，pp. 35 ~ 39.

〔3〕 United Nations Document：A/CONF. 62/WP. 10/Rev. 3，1980，pp. 12 ~ 16.

〔4〕 United Nations Document：A/CONF. 62/122，1982，pp. 161 ~ 162.

了学界的广泛关注，国际社会开启了对海峡单独航行制度的论证。

一、过境通行制度的形成

过境与通行皆为法律术语。“过境（transit）”意味着货物或人员从一地到他地的运输；[1]“通行（passage）”意味着穿越他人的土地或水域的权利、特权或许可，是在他人财产上享有的地役权。[2] 二者的结合形成了一项特定的国际法规则，自《海洋法公约》文本于 1982 年正式公布以来，根据第 38（2）条的规定，其制度概念得以形成：所有船舶和飞机“专为在公海或专属经济区的一个部分和公海或专属经济区的另一部分之间的海峡继续不停和迅速过境的目的而行使航行和飞越自由”[3]。

国内外学者在阐述或涉及过境通行制度时，对其概念一般即采此规定。国内如魏敏（1987）[4]、邵津（2014）[5]、张晏瑲（2015）[6] 和贾宇（2015）[7] 等学者的著述，国外如 Martín

---

〔1〕“The transportation of goods or persons from one place to another.” Bryan A. Garner, *Black's Law Dictionary*, Minnesota: West Group, 2004, p. 4673.

〔2〕“A right, privilege, or permission to pass over land or water; an easement to travel through another's property.” Bryan A. Garner, *Black's Law Dictionary*, Minnesota: West Group, 2004, p. 3551.

〔3〕“The right of a vessel or airplane to exercise freedom of navigation and overflight solely for the purpose of continuous and expeditious transit between one part of the high seas or an exclusive economic zone and another part of the high seas or an exclusive economic zone.” Bryan A. Garner, *Black's Law Dictionary*, Minnesota: West Group, 2004, p. 4674.

〔4〕魏敏：《海洋法》，法律出版社 1987 年版，第 105 页。

〔5〕邵津主编：《国际法》，北京大学出版社、高等教育出版社 2014 年版，第 138 页。

〔6〕张晏瑲：《海洋法案例研习》，清华大学出版社 2015 年版，第 81 页。

〔7〕贾宇：“中国在南海的历史性权利”，载《中国法学》2015 年第 3 期，第 188 页。

(2010)[1] 和 Sohn (2010)[2] 等学者的著述，等等。

一般而言，过境通行制度的内涵介于航行飞越自由与无害通过制度之间，但更倾向于航行飞越自由。[3] 过境通行制度是专为继续不停和迅速过境目的的航行飞越自由，是原则上（in principle）与《海洋法公约》第 87 条规定的航行飞越自由相一致的通行制度。[4] 二者区别主要在于目的不同，即过境通行制度必须是继续不停和迅速地通过，不应从事盘旋、徘徊或巡航等明显与过境无关的活动。[5] 而航行飞越自由的适用对象有权在公海上作出停留、盘旋、徘徊或巡航等与通过明显无关的行为。

此外，根据《海洋法公约》第 34 条和第 38（3）条的规定，过境通行制度仅是一项涉及在有关海峡的有关海域通过的制度，它不影响海峡海域在其他方面的法律地位，不影响沿岸国依照相关国际法对该海域及其上空、海床或底土行使其他方面的主权或管辖权，他国任何非过境通行的活动依然要受到相关国际法的限制。

二、适用过境通行制度的海峡清单

过境通行制度适用于用于国际航行的领峡及符合条件的非领峡中。

（一）海峡的分类

从海峡的航行价值来划分，可将海峡分为用于国际航行的海

---

〔1〕 Ana G. López Martín, *International Straits: Concept, Classification and Rules of Passage*, Berlin: Springer, 2010, p. 152.

〔2〕 Louis B. Sohn, Kristen Gustafson Juras, John E. Noyes and Erik Franckx, *Law of the Sea in a nutshell*, Eagan: West Publishing Company, 2010, p. 229.

〔3〕 华敬炘:《海洋法学教程》，中国海洋大学出版社 2009 年版，第 137 页。

〔4〕 Donald R. Rothwell, *Law of the Sea*, Cheltenham · MA: Edward Elgar Pub, 2013, p. 391.

〔5〕 David Anderson, *Modern Law of the Sea: Selected Essays*, Leiden · Boston: Martinus Nijhoff Publishers, 2008, pp. 140 ~ 141.

峡与非用于国际航行的海峡两类。世界上有几千条海峡[1]，其中非用于国际航行的海峡居多，但相对少量的用于国际航行的海峡却是国际航用的重点。

"用于国际航行的海峡（straits used for international navigation）"的概念，在中英文文献中一般可与"国际海峡（international straits）"的概念通用，可以说二者内涵并无二致。两者称谓的不同，主要反映了不同的历史阶段：

第一，国际海峡的概念，一般多见于国际法院科孚海峡案之前的文献中，如 Brüel 在 1947 年出版的著作名称即为 *International Straits：A Treatise on International Law*。

第二，国际法院科孚海峡案则首次提出了"用于国际航行的海峡（straits used for international navigation）"的概念，科孚海峡案的判例，对未来国际立法态势产生了深刻影响[2]，此后的文献中，包括联合国历次海洋法会议及会后达成的公约用语，均多采用这一概念，如 1958 年《领海及毗连区公约》第 16（4）条用语为"straits which are used for international navigation"，中文作准文本措辞为"国际航行之用之海峡"，1982 年《海洋法公约》第 3 部分标题用语为"Straits used for international navigation"，中文作准文本为"用于国际航行的海峡"。

此外，学者也经常将"国际海峡"用作"用于国际航行的海峡"的概念的简称[3]，本书亦如此。但本书在专门涉及 1958 年《领海及毗连区公约》时，亦专门使用"国际航行之用之海峡"

---

〔1〕 魏敏主编：《海洋法》，法律出版社 1987 年版，第 95 页。

〔2〕 M. Nordquist, S. N. Nandan and James Kraska, *United Nations Convention on the Law of the Sea 1982：A Commentary*, Volume VII, Leiden：Martinus Nijhoff Publishers, 2011, p. 290.

〔3〕 李志文、高俊涛："北极通航的航行法律问题探析"，载《法学杂志》2010 年第 11 期，第 62 页；黄忠成："台湾海峡之航行制度"，载台湾《军法专刊》2002 年第 10 期，第 38 页。

的措辞。

（二）适用过境通行制度的海峡的标准

过境通行制度适用于用于国际航行的领峡及符合条件的非领峡的特殊内水和领海区域，这是因为根据《海洋法公约》第35（a）条、第35（b）条的规定，第3部分包括第2节“过境通行”与第3节不应予以停止的“无害通过”的规定，均不影响海峡内的正常内水、专属经济区或公海区域的法律地位。它影响哪里？它只影响海峡内的特殊内水和领海区域。过境通行制度所适用的海峡的条件有二。

为行文方便，本书将正常基线向陆一面海域简称为正常内水；将适用正常基线并未被认为是内水而适用直线基线方被认为是内水的海域简称为特殊内水。一般而言，直线基线内水的范围大于正常内水。在正常基线效果下，正常内水为一国内水；在直线基线效果下，正常内水与特殊内水的联合海域为一国内水。其他学者亦有类似表达，如曲波提出《海洋法公约》第8（2）条属“内水特殊情况”。[1]

1. 应是用于国际航行的海峡

根据1949年国际法院科孚海峡案的判决，用于国际航行的海峡的决定要件是连接公海两部分的地理状态，以及用于国际航行的事实。《海洋法公约》第37条将适用过境通行制度的用于国际航行的海峡的地理标准扩展为“公海或专属经济区的一个部分和公海或专属经济区的另一部分之间”。

地理标准较易判断，但功能标准却很难界定。科学海峡案中，英国提出的在1936年4月1日至1937年12月31日这段时间，有2884艘各式舰船通过该海峡且认为这一数字本身已相当庞大（quite a large figure）的航行事实，得到了法院的承认。由

〔1〕曲波：“国际法上的历史性权利”，载《吉林大学社会科学学报》2015年第5期，第74页。

于这一数据本身已属庞大，那么就此进行量化的话，只要每天平均拥有 4.5 艘次的舰船通过，或者每月平均拥有 135 艘次的舰船通过，或者每年平均拥有 1642.5 艘次的舰船通过，就应被视为超出了用于国际航行的海峡的功能标准。〔1〕但是 Martín 指出，这一“用于”绝非可以量化（quantified）。〔2〕Caminos 指出，海峡存在特殊的自然状况，少量通行并不能当然得出其不属于用于国际航行的海峡的结论，很多国际海峡过去是、目前仍然是试验性通航的。〔3〕姜皇池亦同样指出，当前国际法中用于国际航行的海峡的功能标准的考量条件，在每一个案中均有不同，难以一机械答案普适全球，而唯以个案之有关事实作通盘考量，所以其界定标准侧重于地理状态而非功能标准。〔4〕

因而可得出的结论是，国内外学界认可，自科孚海峡案以降，国际法中对用于国际航行的海峡的界定标准，应更为容易；用于国际航行的海峡的数量，亦应愈加增多；基本上，只要一海峡符合了地理标准且存在用于国际航行之事实（哪怕很少），它就应属于用于国际航行的海峡，而不管该海峡本身是否知名、是否位于战略要害位置。

这一结论不仅符合国际法规则，而且契合中国立场，符合中国利益。中国官方曾分别向美国和日本主张塔纳加海峡和吐噶喇海峡属于用于国际航行的领峡，中国军舰军机有权适用过境通行制度。坦白说，特别是位于白令海中的塔纳加海峡，其年均通航

〔1〕计算方法如下：1936 年 4 月 1 日至 1937 年 12 月 31 日，期间共有 639 天（365 + 30 × 5 + 31 × 4），平均每天的舰船通过艘次则为 2884/639 = 4.5；那么每月以 30 天计算的话则为 4.5 * 30 = 135 艘次；每年以 365 天计算的话则为 1642.5 艘次。

〔2〕Ana G. López Martín, *International Straits: Concept, Classification and Rules of Passage*, Berlin: Springer, 2010, p. 55.

〔3〕Hugo Caminos and Vincent P. Cogliati – antz, *The Legal Regime of Straits: Contemporary Challenges and Solutions*, Cambridge: Cambridge University Press, 2014, p. 144.

〔4〕姜皇池：《国际海洋法》（上册），学林文化事业有限公司 2004 年版，第 530 ~ 531 页。

船舶的艘次及国籍数量，与马六甲、直布罗陀等较为知名的国际海峡相比，可能差了一截。中国应秉持国际法院科孚海峡案的判决精神，主张过境通行制度的应有适用性。随着中国对外开放程度的进一步加深，中国会成为越来越重要的海峡使用国，船舶和飞机需过境通行全球范围内的诸多用于国际航行的海峡。

2. 应是领峡或符合条件的非领峡

一海峡如果是用于国际航行的非领峡，则一般属于《海洋法公约》第36条的适用对象，其正常内水适用沿岸国的自主决定权，其特殊内水和领海区域适用《海洋法公约》第2部分的无害通过，其专属经济区或公海航道则适用第5部分或第7部分的航行飞越自由，排除适用《海洋法公约》第3部分第2节或第3节的规定。

虽然用于国际航行的海峡未必全都属于领峡，但适用过境通行制度的海峡，只能是用于国际航行的领峡或符合条件的非领峡。这里的“符合条件”是指虽然海峡属于用于国际航行的非领峡，但中间的专属经济区或公海航道在航行和水文特征方面并不“similar convenience”，如航道过窄（未超过3海里）并不适宜船舶航行、[1] 航道中遍布礁石阻碍航行、航道中充斥漩涡危及航行安全等，那么此类海峡就不属于《海洋法公约》第36条的适用对象，其特殊内水和领海区域应适用过境通行制度，其专属经济区仍适用航行飞越自由。由于此类符合条件的非领峡的数量相对较少，因而简言之，过境通行制度适用于用于国际航行的领峡，

---

〔1〕 知名学者Alexander认为，中间的专属经济区航道未超过3海里，则不属于“similar convenience”。Lewis M. Alexander, “Exceptions to the Transit Passage Regime: Straits with Routes of ‘Similar Convenience’”, *Ocean Development and Internationsal Law*, 1987（18）, p. 483.

其实是约定俗成的观点。[1]

《海洋法公约》第 3 部分并未提出“领峡”的概念，*China Daily* 的一篇文章中，将“用于国际航行的领峡”翻译为“territoarial strait used for international navigation”。[2]“territorial straits”的概念，除了在 Jia 的著作中可见一次以外，[3] 在其他英文著述中较难见到，*Black's Law Dictionary* 也未见编入。实际上，虽然《海洋法公约》第 3 部分第 2 节框架内从第 37 条到第 44 条的 8 个条文中的“strait”没有被加上“territorial”的定语，现有的英文著述中在阐释这 8 个条文时也几乎没有使用“territorial straits”的概念，但这 8 个条文中的“海峡（strait)”均为“领峡（territorial strait)”，却是不争事实。这是由于，这些条文本身就位于《海洋法公约》第 3 部分第 2 节“过境通行”的框架之内，所以这些条文中所出现的海峡皆为“过境通行制度所适用的海峡”，即“用于国际航行的领峡或符合条件的非领峡”，因而条文本身在涉及海峡时就不必再赘加“领海（territorial)”这一定语了。

（三）适用过境通行制度的海峡的清单

当前适用过境通行制度的海峡，在全球并无定论，对赖伊统计的国际海峡名单进行分析，可知此类海峡全球至少有 93 条，其中除了迪克森海峡（最小宽度 27 海里）、西北普罗维登斯海峡（最小宽度 26 海里）、克鲁克德海峡（最小宽度 26 海里）、厄尔

---

〔1〕 Caminos 在阐述过境通行与航行飞越自由的区别时指出：“领海位于沿岸国主权范围内，这是它与公海的根本区别（The territorial sea is placed under the covereignty of the coastal State. This is a fundamental difference with the high seas.）。” Hugo Caminos and Vincent P. Cogliati - antz, *The Legal Regime of Straits: Contemporary Challenges and Solutions*, Cambridge: Cambridge University Press, 2014, p. 154.

〔2〕 ZHANG Yunbi: “Ministry: Navy ship passes strait ‘for international navigation’”, http://www.chinadaily.com.cn/china/2016 - 06/15/content_25723344.htm，最后访问日期：2017 年 2 月 25 日。

〔3〕 Bing Bing Jia, *The Regime of Straits in International Law*, Oxford: Clarendon Press, 1998, p. 92.

巴与科西嘉之间海峡（最小宽度 27 海里）、巴拉巴克海峡（最小宽度 27 海里）和阿连哈哈海峡（最小宽度 25 海里）等 6 条是符合条件的非领峡（24 海里 < 最小宽度≤27 海里）以外，其余皆属于领峡（0 海里 < 最小宽度≤24 海里）。[1] 此类知名海峡详见表 1 所示。

表 1　适用过境通行制度的知名国际海峡一览表

所处的地区	所属的国家	海峡的名称
东亚、东南亚和南亚地区（至少 30 条）	俄罗斯（4 条）	千岛海峡、择捉岛海峡、国后岛海峡、色丹岛海峡
	日本（1 条）	吐噶喇海峡
	菲律宾（9 条）	巴布延海峡、波利略海峡、马基达海峡、费尔得岛海峡、圣贝纳迪诺海峡、民都洛海峡、苏里高海峡、巴西兰海峡、锡布海峡
	印度尼西亚（13 条）	邦加海峡、格里汗特海峡、科蒂海峡、塞拉桑海峡、阿比海峡、翁拜海峡、罗蒂海峡、萨佩海峡、阿拉斯海峡、龙目海峡、巴厘海峡、巽他海峡、加斯帕尔海峡
	马来西亚和菲律宾之间（1 条）	巴拉巴克海峡
	印度尼西亚、马来西亚与新加坡之间（1 条）	马六甲海峡
	斯里兰卡和印度之间（1 条）	帕尔克海峡

[1] 如果用于国际航行的海峡的最小宽度为 24 + 3 海里，则其应属于用于国际航行的领峡和符合条件的非领峡，其特殊内水和领海海域应适用过境通行制度。数量查阅自 S. H. 赖伊等（编辑）世界选择海峡和水道宽度，《海洋法新方向》第Ⅲ卷，1973 年，第 851 ~ 891 页。转引自陈德恭：《现代国际海洋法》，海洋出版社 2009 年版，第 79 ~ 85 页。下文中，如无特别说明，有关海峡宽度的数据皆引于此。

续表

<table>
<tr><th>所处的地区</th><th>所属的国家</th><th>海峡的名称</th></tr>
<tr><td rowspan="2">西亚和北非地区（至少 2 条）</td><td>伊朗、阿联酋和阿曼之间（1 条）</td><td>霍尔木兹海峡</td></tr>
<tr><td>吉布提、厄立特里亚和也门之间（1 条）</td><td>曼德海峡</td></tr>
<tr><td rowspan="5">大洋洲地区（至少 19 条）</td><td>美国（8 条）</td><td>阿连哈哈海峡、阿拉拉刻奇海峡、克拉卡西克海峡、奥奥海峡、白罗罗海峡、科洛西海峡、凯威海峡、考拉卡西海峡</td></tr>
<tr><td>西萨摩亚（1 条）</td><td>阿波利马海峡</td></tr>
<tr><td>英国（3 条）</td><td>因迪斯判萨布海峡、曼宁海峡、布干维尔海峡</td></tr>
<tr><td>澳大利亚（5 条）</td><td>圣乔治海峡、戈森海峡、当皮埃尔海峡、维蒂兹海峡、班克斯海峡</td></tr>
<tr><td>新西兰（2 条）</td><td>库克海峡、弗洛维克斯海峡</td></tr>
<tr><td rowspan="5">北美地区（至少 12 条）</td><td>美国（4 条）</td><td>圣他巴尔巴拉海峡、乌尼马克海峡、谢立克海峡、塔纳加海峡</td></tr>
<tr><td>加拿大（4 条）</td><td>贝尔岛海峡、贾奎斯卡地尔海峡、北翁巴尔兰得海峡、黑卡特海峡</td></tr>
<tr><td>美国和俄罗斯之间（1 条）</td><td>白令海峡</td></tr>
<tr><td>美国和加拿大之间（2 条）</td><td>胡安德富卡海峡、迪克森海峡</td></tr>
<tr><td>加拿大和丹麦之间（1 条）</td><td>罗布森海峡</td></tr>
</table>

续表

所处的地区	所属的国家	海峡的名称
拉丁美洲地区（至少 13 条）	巴哈马（2 条）	西北普罗维登斯海峡、克鲁克德海峡
	英国（2 条）	特克斯群岛海峡、穆奇尔海峡
	美国（1 条）	维尔京海峡
	法国和多米尼加之间（2 条）	多米尼加海峡、马提尼克海峡
	法国和圣卢西亚之间（1 条）	圣卢西亚海峡
	圣卢西亚和圣文森特和格林纳丁斯之间（1 条）	圣文森特海峡
	特立尼达和多巴哥和委内瑞拉之间（2 条）	德拉冈海峡、塞尔平特海峡
	荷兰和委内瑞拉之间（1 条）	阿鲁巴 – 帕拉瓜纳海峡
	阿根廷（1 条）	挨什特乔海峡
欧洲地区（至少 17 条）	英国（6 条）	索拉特海峡、北海峡、小明奇海峡、北明奇海峡、彭特兰—弗思海峡、霍莱海峡
	希腊（2 条）	卡尔帕托斯海峡、卡索斯海峡
	法国与意大利之间（2 条）	厄尔巴与科西嘉之间海峡、博尼法乔海峡
	西班牙（1 条）	梅诺卡海峡
	英国、西班牙和摩洛哥之间（1 条）	直布罗陀海峡
	英国和法国之间（1 条）	多佛尔海峡
	瑞典（1 条）	卡耳马海峡
	丹麦和瑞典之间（1 条）	波恩荷尔姆格特海峡
	芬兰和瑞典之间（1 条）	波的尼亚湾海峡
	芬兰和俄罗斯之间（1 条）	芬兰湾海峡

第四节　本章小结

第一章阐释了过境通行制度的发展历程。

第一，自1930年海牙国联国际法编纂会议至1958年《领海及毗连区公约》公布，国际海峡一般适用的是无害通过制。20世纪60年代至70年代，国际社会出现了扩张领海宽度的潮流，海洋大国不认可在用于国际航行的领峡适用无害通过制，海峡制度开始独立成为被研究的对象。联合国海底委员会和第三次海洋法会议期间，若以会议期间各国提案之内容划分，大致可分为主张航行飞越自由的美苏等国、主张无害通过的马来西亚等国，以及主张妥协折中的英国这三大类。彼时英国草案得到了多数国家的认同，构成了第三次海洋法会议达成的系列协议的实质来源。

第二，系列协议七次成文，终于公约。ISNT在过境通行的界定、过境通行的适用例外、过境的船舶和飞机的义务、海峡沿岸国的权利及海峡的无害通过方面，对英国草案作了较大幅度的修订；RSNT在过境通行制度的适用范围、过境通行制度的适用例外及其他某些细节方面对ISNT作了修订；ICNT在外国船舶的义务及其他某些细节方面对RSNT作了修订；以后的协议对过境通行制度再无实质性修订。考察过境通行的演进过程可知，国际社会领海宽度的扩张，是过境通行制度得以形成的关键因素。自1974年英国草案的提出至1982年《海洋法公约》的开放签字，这一过程使得过境通行得以创设成为一项条约国际法规则并开始适用于全球相应的用于国际航行的海峡中。

第三，过境通行制度的形成及其适用的海峡清单。自《海洋法公约》公布以来，该制度的概念得以形成：专为在公海或专属经济区的一个部分和公海或专属经济区的另一部分之间的海峡继续不停和迅速过境的目的而行使航行和飞越自由。过境通行制度适用于用于国际航行的领峡及符合条件的非领峡的特殊内水和领海区域。这里的符合条件是指，虽然海峡属于用于国际航行的非领峡，但中间的专属经济区或公海航道在航行和水文特征方面并不“similar convenience”，如航道过窄（未超过 3 海里）并不适宜船舶航行等。对于当前适用过境通行制度的海峡，全球并无定论，对赖伊统计的国际海峡名单进行分析，可知此类海峡全球至少有 93 条，其中除了迪克森海峡、西北普罗维登斯海峡等 6 条是符合条件的非领峡以外，其余皆属于用于国际航行的领峡。

第二章 过境通行制度的国家权利义务

一般认为，过境通行制度在利益保障上，相对于海峡沿岸国，更加强调了海峡使用国的利益，《海洋法公约》是否为两类国家提供了一项公正的平衡，越来越成为一项被频繁问询的话题（a frequently asked question）。[1] 但无论如何，《海洋法公约》第3部分第2节的过境通行制度原则上为海峡沿岸国的权利、义务，海峡使用国的权利、义务以及海峡使用国与海峡沿岸国的合作设立了边界范围。

第一节 海峡沿岸国的权利和义务

一、沿岸国的权利

（一）立法管辖权

《海洋法公约》第3部分规定的海峡沿岸国的管辖权，比第2部分规定的领海国的管辖权，明显受到更多限制。《海洋法公约》第42（1）条，规定了海峡沿岸国的立法管辖权范围，这些范围源自1974年英国草案的主张，但比其要宽泛一些。

---

〔1〕 Sharina Shaukat, "The Straits of Malacca: Current and Prospective Interests in the Prvention and Control of Marine Environmental Pollution", in Donald R. Rothwell and Sam Bateman, *Navigational Rights and Freedoms and the New Law of the Sea*, The Hague · London · Boston: Martinus Nijhoff Publishers, 2000, p. 110.

1974 年英国草案第 3 章第 4 条建议，海峡沿岸国的立法管辖权范围为两项：①关于海道和分道通航制；②使有关海峡内防止排放油类、油污废物和其他有毒物质的适用的国际规章有效。[1]

1975 年 ISNT 第 41（1）条规定的海峡沿岸国的立法管辖权范围，在英国草案的基础上，新增两条关于防止捕鱼与防止违反海关、财政、移民、卫生等方面的内容，在一定程度上增加了沿岸国的权利。[2]

会议中，有些国家曾向 RSNT 提出修订建议，试图扩大该条的范围内容。如西班牙提出，海峡沿岸国有权就下列事项立法：保护航行援助设备，保护电缆和管道，养育生物资源，保护环境，海洋科研与水文调查，预防和违反海峡沿岸国有关海关、财政、移民或卫生方面的法规。马来西亚主张的范围与西班牙类似，但增加了航行与水文特征、通行密度等方面。希腊主张，在第 42（1）（a）条中增加有关空中航行安全方面的范围。但均未被会议接受。《海洋法公约》第 42（1）条的实质内容与 ISNT 的规定是一致的。

1982 年《海洋法公约》第 42（1）条的规定将沿岸国的立法权范围限定为如下四项：

1. 第 42（1）（a）条

根据该条的规定，海峡沿岸国有权就“第 41 条所规定的航行安全和海上交通管理”方面制定法律规范。

另据第 41 条规定，海峡沿岸国有权依照第 3 部分规定，于“必要时”为海峡指定海道和规定分道通航制或进行替换，以促进船舶的通行安全。此处的必要条件一般是指考虑船舶与过境通行之间的安全性，包括地理水文方面的因素，如在浅水海峡处指

---

〔1〕 United Nations Document: A/CONF. 62/C. 2/L. 3, 1974, p. 186.

〔2〕 United Nations Document: A/CONF. 62/WP. 8/PartII, 1975, pp. 158 ~ 159.

定“富余水深”的权力。[1] 但是此类指定海道和分道通航制的权力，应符合一般接受的国际规章，比较典型的是1972年《国际海上避碰规则公约》和1974年《国际海上人命安全公约》。

海峡沿岸国在指定或替换航道或者在规定或替换分道通航制之前，应按程序提交给国际海事组织，如果被提议的海道或分道通航制穿过一条海峡两个或以上的沿岸国水域时，那么各国应同国际海事组织一起协商，合作拟订提议，但是否采纳属于国际海事组织的权力。其程序过程为：①沿岸国向国际海事组织提交提案；②国际海事组织接受提案，并提出修改建议，之后考虑是否采纳；③沿岸国依国际海事组织同意的提案，指定、规定或替换航道或采用分道通航制。因而在制度设计上，国际海事组织的采纳是沿岸国享有此项权力的必要条件。经其采纳后，有关的沿岸国方有权指定、规定或替换之。

一切海道和分道通航制，均应在沿岸国的海图上清楚标出，且该海图亦应妥为公布。该制度适用于过境通行的船舶，而飞机则应另外遵守国际民用航空组织的相关规定。

过境通行的船舶应尊重（respect）海道和分道通航制，而非遵守（comply with），这就为各国、各学者差异性的条约解释留下了可供讨论的空间。实践中，各国船舶在过境通行中一般均会遵守，但这并不是其必然的义务。[2]

2. 第42（1）（b）条

根据该条的规定，海峡沿岸国有权就“使有关在海峡内排放

---

〔1〕 富余水深，英文名称为Under Keel Clearance，简称UKC，概念来自1982年第三次海洋法会议期间，马来西亚、印度尼西亚和新加坡三国提交的《关于马六甲海峡和新加坡海峡的声明》，声明提出，为防止触底、搁浅等事件发生，船舶在海峡浅水水域航行时船底与海底必须保留一定的水深距离，此距离即为UKC。

〔2〕 S. N. Nandan and D. H. Anderson, “Straits Used for International Navigation: A Commentary on Part Ⅲ of the United Nations Convention on the Law of the Sea 1982”, *British Yearbook of International Law*, 1989 (60), p. 159.

油类、油污废物和其他有毒物质的适用的国际规章有效”而制定法律规范。

传统上，人们倾向于将过境通行制度与政治和军事问题联系起来，但进入21世纪以来，海峡沿岸国更侧重关注的是海洋环保问题。[1]

船舶是海上最重要的流动污染源之一[2]，但该条规定的范围并未囊括所有环保类国际规章，而仅在于“排放油类、油污废物和其他有毒物质”的国际规章。与《海洋法公约》第21（1）（f）条授予领海国有权就“保全沿海国的环境”方面制定法律规范的规定相比，其范围则更为狭窄，如明显不会包括倾倒的污染或海上事故造成的污染。在第三次海洋法会议上，西班牙曾于1982年4月13日提出，将“油污废物”中的“油污（oily）”一词删掉，但表决时未获通过。[3]

立法范围的限制性，体现了公约在授予沿岸国环保立法权上是有限度的，没有设计充分的责任机制，也没有赋予沿岸国对高度危险货物的过境要求事先通知的权利。过境通行制度剥夺了海峡沿岸国停止（stop）造成污染的船舶的航行的权利。[4] 这种不充分性（inadequacies），将可能导致海峡沿岸国的环保立法范围超出《海洋法公约》的授权范围[5]，如下文所述之加拿大立法，

〔1〕 Sharina Shaukat, “The Straits of Malacca: Current and Prospective Interests in the Prvention and Control of Marine Environmental Pollution”, in Donald R. Rothwell and Sam Bateman, *Navigational Rights and Freedoms and the New Law of the Sea*, The Hague · London · Boston: Martinus Nijhoff Publishers, 2000, p. 110.

〔2〕 胡增祥、马英杰、刘居艳：“论船舶海上通行权的法律制约”，载《青岛海洋大学学报（社会科学版）》2000年第2期，第44页。

〔3〕 United Nations Document: A/CONF. 62/L. 109, 1982, p. 223.

〔4〕 Mary George, *Legal Regime of the Straits of Malacca and Singapore*, Singapore: LexisNexis, 2008, p. 283.

〔5〕 Jon M. Van Dyke, “Rights and Responsibilities of Strait States”, in David D. Caron and Nilufer Oral, *Navigating Straits: Challenges for International Law*, Leiden · Boston: Brill Nijhoff, 2014, p. 43.

构成了沿岸国立法与《海洋法公约》相关条款的冲突。

3. 第 42（1）（c）条

根据该条规定，海峡沿岸国有权“对于渔船，防止捕鱼，包括渔具的装载”方面的问题制定法律规范。

有学者就此指出，《海洋法公约》此处仅规定适用于“渔船”之捕鱼行为，并未规定适用于其他船舶之捕鱼行为。因而立法本身尚不明朗，存在争议。然而，第 39（1）（c）条规定的“除因不可抗力或遇难而有必要外，不从事其继续不停和迅速过境的通常方式所附带发生的活动以外的任何活动”就包含了渔船之外的其他船舶，亦无权在过境通行中从事捕鱼行为之含义，因而第 42（1）（c）条确无重复规定之必要。此外，即便在范围较大的专属经济区中，外国船舶，无论是渔船还是非渔船，也无权享有捕鱼自由。

4. 第 42（1）（d）条

根据该条规定，海峡沿岸国有权就“海关、财政、移民或卫生”包括“上下任何商品、货币或人员”方面的问题制定法律规范。该项的规定衍生于《海洋法公约》第 2 部分第 21（1）（h）条。由于此方面的行为，确不属于第 39（1）（c）条规定之“通常方式所附带发生的活动”，因而以过境为目的之船舶确无实施此方面行为之必要，如若实施，则与过境通行行为本身无关，那么就要遵守沿岸国在此方面制定的法律规范。

上述四类范围是第三次海洋法会议期间各国激烈争论和妥协折中的产物，谈判的背后是国家利益的表达、计较、博弈、平衡[1]，哪怕对于一个词汇都要百般推敲和争论不休，如从 equally 到 similar 的演进，就充分说明了沿岸国的立法管辖权得到了明确的授予与严格的限定。因此，除了第 42（1）条授权的四类范围，

---

〔1〕 那力、杨楠：“‘国际法治’：一个方兴未艾、需要探讨的主题”，载《法理学论丛》2012 年第 6 卷，第 14 页。

海峡沿岸国无权在其他方面就创设过境之船舶或飞机的义务制定法律规范，如第39（2）（b）规定的“防止、减少和控制来自船舶的污染的国际规章、程序和惯例”的内容就不能成为沿岸国的立法范围。

但海峡沿岸国的立法混乱却并非罕见。如印度尼西亚第37号法案就增设了很多船舶通过时的义务，包括不准播放未经许可的广播［第4（7）条］，不准破坏海底电缆或管道［第7（3）条］，对防止、减少和控制来自船舶的污染的国际规章、程序和惯例的执行［第9（1）条］等。[1] 该法案的附带说明中指出，第9（1）条是“对《海洋法公约》第42（1）（b）条、第54条以及第211（2）条的适用”[2]。但法案第9（1）条的内容，明显超出了第42（1）（b）的授权范围。因为第42（1）（b）的范围并不包括所有的“船舶的污染”，而仅包括“排放油类、油污废物和其他有毒物质”方面。印度尼西亚立法事实上扩大了《海洋法公约》赋予的立法权范围。

5. 关于对飞机飞越立法管辖权的问题

基于上述分析可知，《海洋法公约》第42（1）（a）条~第42（1）（d）条的四项列举性规定，皆针对船舶的过境通行，并无其他兜底条款，故海峡沿岸国并无权以立法的形式对有关飞机的过境通行加以限定。在第三次海洋法会议期间，西班牙等国的提案曾提出，公约应明确授予海峡沿岸国拥有对领峡上空之飞机过境通行制定法律和规章的权利，但未得到与会各国的接受。

---

〔1〕 See the “Indonesian Government Regulation No. 37 on the Rights and Obligations of Foreign Ships and Aircraft Exercising the Right of Archipelagic Sea Lane Passage through Designated Archipelagic Sea Lanes, 28 June 2002” .

〔2〕 “serves as the application of Article 54 in conjunction with Article 42, paragraph 1, letter (b), and Article 211, paragraph 2, of the Convention”, See the “Indonesian Government Regulation No. 37 on the Rights and Obligations of Foreign Ships and Aircraft Exercising the Right of Archipelagic Sea Lane Passage through Designated Archipelagic Sea Lanes, 28 June 2002” .

（二）执行管辖权

对于在领海部分的无害通过的执行管辖权，《海洋法公约》第25（1）条规定：“沿海国可在其领海内采取必要的步骤以防止非无害的通过。”但就适用对象违反沿岸国关于第42（1）条的法律规范的行为，海峡沿岸国是否有权行使执行管辖权，《海洋法公约》尚无明确规定。然而《海洋法公约》第3部分的第38（1）条、第42（2）条和第44条却一再强调，海峡沿岸国不应“阻碍”“否定”“妨碍”“损害”或“停止”适用对象的过境通行权。

从文义解释而言，“阻碍（impede）”与“否定（denying）”“妨碍（hamper）”“损害（impair）”或“停止（suspension）”有何区别？《简明牛津词典》（*Concise Oxford Dictionary*）将“阻碍（to impede）”界定为“通过设置障碍来阻止、干扰（to retard by obstructing, hinder）”；将“妨碍（to hamper）”界定为“放置干扰体对移动造成障碍（to obstruct movement with material obstacles）”或“阻碍、干扰（to impede, hinder）”；将“损害（to impair）”界定为“伤害、削弱（to damage, weaken）”；将“干扰（hinder）”界定为“阻碍、延迟和阻止（to impede, delay, prevent）”。即所有上述词汇，都具备一种在时间上或空间上予以限制的统一内涵。因而《海洋法公约》第3部分对上述措辞的规定，目的只有一个，就是沿岸国负有克制对过境对象在时间、空间上带来任何负面效果的国际法义务。即，国际社会认可，《海洋法公约》第42（1）条的授权仅为立法管辖，不含对过境对象施加任何形式负面效果的执行管辖。

但国际法学者一般认为，《海洋法公约》第233条的规定是上述结论的唯一例外。该条规定：“第5～7节的任何规定不影响用于国际航行的海峡的法律制度。但如第10节所指以外的外国船舶违反了第42条第1款（a）和（b）项所指的法律和规章，对海峡的海洋环境造成重大损害或有造成重大损害的威胁，海峡沿岸国可采取适当执行措施，在采取这种措施时，应比照尊重本节的规定。”该条意思是说，根据第 233 条的规定，沿岸国在特定情况下“应比照尊重（shall respect mutatis mutandis）”第 12 部分第 7 节所规定的若干权力，这些权力主要包括调查外国船只（第 226 条）、提起司法程序（第 228 条）和罚款（第 230 条）。但是这些权力特别是源自第 27 条的“调查权”一旦被沿岸国适用，就会强烈冲击《海洋法公约》第 3 部分关于过境通行制度的规定，会在事实上使过境通行朝着无害通过倒退，如此则违背了过境通行制度设计用于确保海峡过境自由之目的。[1]

《海洋法公约》第 233 条的规定，不应成为沿岸国解除其第 3 部分所负国际义务的依据。这是因为，第 233 条的措辞是“比照尊重”而非“比照适用（apply mutatis mutandis）”，措辞的差异性将导致效力的不同。作为一项倡导性规定，前者措辞的效力要远弱于后者。《海洋法公约》及其 9 个附件的英文作准文本中，“比照（mutatis mutandis）”出现了 13 次：第 1（2）条、第 54 条、第 80 条、第 110（4）条、第 111（2）条、第 111（6）（a）条、第 162（2）（k）条、第 233 条、第 285 条、附件七第 13 条、附件八第 4 条、附件九第 7（2）条和附件九第 8 条，其中仅有第 233 条是“比照尊重”，其他 12 个法条均为“比照适用”。《海洋法公约》及其 9 个附件的中文版本中，共 14 处提到了“比照”，其中除了第 182（b）条中的“比照”是意译外，其余 13 处皆为对“mutatis mutandis”的直译。

如果立法者的本意是在第 233 条中将第 12 部分第 7 节所规定的若干权力赋予海峡沿岸国在特定情形时行使，那么为何不在此使用“比照适用”的措辞？显然，《海洋法公约》的立法精神在于，第 233 条的规定应成为适用对象的自律，而非属于沿岸国采

〔1〕 姜皇池：《国际海洋法》（上册），学林文化事业有限公司 2004 年版，第 560 ~ 561 页。

取执行管辖的凭借，这是其应有内涵。因而海峡沿岸国并不享有执行管辖权。

二、沿岸国的义务

综合考察《海洋法公约》第3部分的规定可知，海峡沿岸国的义务包括如下四个方面，此外海峡使用国与海峡沿岸国的合作义务见下文所述。

（一）不应阻碍、否定、妨碍、损害或停止过境通行

这是《海洋法公约》第38（1）条、第42（2）条和第44条规定的沿岸国义务。如上所述，即沿岸国负有克制对过境对象在时间、空间上带来任何负面效果的国际法义务。

（二）不应要求通知或申请批准

经过对第三次海洋法会议所有相关文件的详细查询[1]，作者并未见到有国家提出要求过境通行的船舶或飞机预先向沿岸国政府通知或申请许可的议案，这就说明了国际社会认可过境通行权的享有，不需提前向沿岸国通知或申请许可。当前国际实践亦是如此。

（三）妥为公布

根据《海洋法公约》第41（2）条、第41（6）条、第42（3）条和第44条的规定，沿岸国妥为公布的内容包括四个方面：①海道或分道通航制；②海图；③所有法律规范；④任何危险情况。

《海洋法公约》并未对妥为公布的概念或程序作出界定，但以一般理解，其应以过境通行方能知晓此种规定为宜。

（四）不歧视

根据第42（2）条的规定，法律规范不应在形式上或事实上

---

〔1〕 See the related Records, Documents, Texts and Reports, http://legal.un.org/diplomaticconferences/lawofthesea-1982/lawofthesea-1982.html，最后访问日期：2016年6月6日。

在外国船舶间有所歧视。

《海洋法公约》中共有12个条文明确指出了反对歧视待遇，既反对沿海国对其他所有国家的歧视，如第24（1）条、第25（3）条、第26（2）条、第42（2）条、第52（2）条、第234条；又反对任何国家对其他所有国家的歧视，如第119（3）条、第227条；还反对国际海底管理局对所有国家的歧视，如第140（2）条、第141条、第151（1）条、第152（1）条。若沿岸国在形式上或事实上对外国船舶有歧视，则会违反《海洋法公约》的反歧视精神。

（五）大贝尔特海峡通道案案例评析

海峡国不应妨碍过境通行，就现有国际法院案例而言，即便是海峡沿岸国在本国领峡上空建桥，也都并非具有任意性，这里的案例主要指的是大贝尔特海峡通道案（*Passage Through the Great Belt*），大贝尔特海峡是丹麦的领峡。[1]

1. 案件起因

丹麦曾于1987年6月10日出台一部法令，计划在位于该国菲英岛与西兰岛之间的大贝尔特海峡上空建一座大桥。大桥的修建，将使那些净空超过65米的深吃水船舶永久不能通过该海峡，而芬兰建造的超过这一净空的钻探船和石油钻探设备将因此受到阻碍。

2. 芬兰的诉求

芬兰遂于1991年5月17日就此问题向国际法院提起了诉讼，请求法院判决宣告：①在大海峡存在着自由通行的权利，这种权利适用于出入芬兰港口和造船厂的所有船舶；②这种权利扩及于钻探船、石油钻探设备和合理范围内可以预见的船舶；③现在丹麦计划在大海峡上建筑固定桥梁是与上面①项和②项所述的自由

---

〔1〕 See International Court of Justice: *PASSAGE THROUGH THE GREAT BELT* (*Finland v. Denmark*), 1991.

通行权所不相容的；④丹麦和芬兰应就如何保障上述①至③项所述的自由通行权问题开展诚意谈判。

在实质问题审判前，芬兰于同年5月23日请求法院作出临时措施：①在法院对本案实质问题作出判决前，丹麦不应继续从事大桥的建筑工程，因为这个工程会对芬兰包括钻探船和石油钻探设备在内的船舶通过海峡造成阻碍；②丹麦不应采取其他会损害本诉讼结局的任何行为。

3. 丹麦的主张

就芬兰的诉求，丹麦于同年6月28日提请国际法院：①判决宣告驳回芬兰的关于临时措施的请求；②法院应指示，如果法院就本案的实质问题驳回芬兰的请求，芬兰应承担丹麦因履行此临时措施所遭受的一切损失。

4. 法院的判决

法院指出，就本案实质问题作出判决之前，欢迎双方进行任何谈判，以达成直接和友好的解决。随后，双方开展了谈判。法院于同年7月29日作出命令，认为没有必要依照《国际法院规约》第41条的规定行使指示临时措施的权力。双方经谈判，丹麦同意向芬兰支付1500万美元的补偿金，案件于1992年得到了撤销。案件终止，桥梁建成。

5. 有关评析

此案意义在于，芬兰的立场事实上得到了承认；海峡沿岸国即便在本国领峡上空从事建桥行为，也会被认为是对过境通行的妨碍[1]，应承担相应国际责任。

三、相关沿岸国立法对其所负义务的挑战

当前部分海峡沿岸国立法与其负有的过境通行义务间存在冲

〔1〕 Louis B. Sohn, Kristen Gustafson Juras, John E. Noyes and Erik Franckx, *Law of the Sea in a nutshell*, Eagan: West Publishing Company, 2010, p. 231.

突，其中以北极航道沿岸国较为典型。北极航道一般是指穿越北冰洋，连接太平洋与大西洋的海上航道。它包括穿越加拿大北极群岛的西北航道（Northwest Passage）与穿越欧亚大陆北冰洋近海的东北航道（Northeast Passage）。上述概念均明显带有欧洲中心论的色彩，若以中国地理位置为坐标，上述西北、东北之方位可能刚好相反，但与“中东”“远东”这些政治地理概念类似，它们已在世界范围内被广为接受，因而也就约定俗成了。随着全球气候的变暖，北极航道开始展现其充分的航运价值，它比马六甲、苏伊士等传统航道将节省大量时间，展现出诱人的经济效益。〔1〕

学界一般认为东北航道中最具争议性和作为研究重点的是北方海航线（Northern Sea Route），本书亦如此。据1990年苏联批准、1991年俄罗斯实施的《北方海航线海陆航行规章》的规定，北方海航线是“位于苏联内海、领海（水）或者毗连苏联北方沿岸的专属经济区内的基本国内海运线，包括适合冰区领航船舶航行的海道，西端的起点是新地岛海峡的西部各个入口和热拉尼亚角向北的经线，东端到白令海峡中的北纬66°和西经168°58′37″的经线”，约5620海里。〔2〕

（一）北极航道途经相关海峡属于用于国际航行的海峡

经考察，西北航道与北方海航线均属于用于国际航行的海峡。

1. 地理标准

（1）关于西北航道。西北航道两端连接两个公海，西端连接太平洋，东端连接大西洋，是连接公海的一个部分与公海的另一个部分之间的海峡。就连加拿大著名北极学者Pharand对此也并

〔1〕黄德明：“北极地区法律制度的框架及构建模式”，载《求索》2015年第11期，第5页。

〔2〕北极问题研究编写组编：《北极问题研究》，海洋出版社2011年版，第255页。

不否认。〔1〕

（2）关于北方海航线。北方海航线西端与东端分别沟通大西洋与太平洋。就地理标准而言，它们在国际社会中的争议不大。

2. 功能标准

（1）关于西北航道。在西北航道过去 80 年的航行史中，有 40 次完整通航，其中 10 次是美国船舶、27 次是加拿大船舶、1 次是荷兰船舶、1 次是挪威船舶、1 次是日本船舶。〔2〕西北航道的航行价值未来会更加凸显，许多石油、天然气和矿物需于此运至世界各地。〔3〕

（2）关于北方海航线。据统计，仅在二战期间，美英等国共有 1571 艘次舰船通过该航线，向苏联提供援助。〔4〕另有资料显示，仅在 2012 年，就有 46 艘船舶穿越该航线，其中 21 艘是自东向西航行，另外 25 艘是自西向东航行。〔5〕这些实践就与 Kolodkin 等俄罗斯学者主张的北方海航线不存在国际通航事实的观点截然不同。符合功能标准是毋庸置疑的。〔6〕

科孚海峡案确立的功能标准是只要存在用于国际航行之事实即可。诚然，北极航道的通航数量，与科孚海峡相比较少，但每个海峡的地理环境、气候资源等要素均不相同，不可能用一个固

〔1〕 Donat Pharand, *Canada's Arctic Waters in International Law*, Cambridge: Cambridge University Press, 1988, p. 223.

〔2〕 Donat Pharand and Leonard H. Legault, *The Northweat Passage: Arctic Straits*, Dordrecht: Nijhoff, 1984, p. 101.

〔3〕 Cynthia Lamson and David L. Vanderzwaag, *Transit Management in the Northwest Passage: Problems and Prospects*, Cambridge: Cambridge University Press, 1988, p. 3.

〔4〕 郭培清等：《北极航道的国际问题研究》，海洋出版社 2009 年版，第 199、189 页。

〔5〕 王泽林：《北极航道法律地位研究》，上海交通大学出版社 2014 年版，第 13 页。

〔6〕 熊鸣子、颜汉："论北方海航道的法律地位"，载《知识经济》2014 年第 7 期，第 42 页。

定的标准数量作为世界上其他海峡的衡量标准，且就北极航道部分海峡的极地气候和海冰等特殊条件而言，应允许“用于国际航行”的功能标准有所降低才更为适当[1]，因而北极航道明显存在国际通航的事实，就已足够被确定为符合功能标准。[2]

国际社会中，也有很多国家和学者主张对《海洋法公约》第37条的“用于国际航行”作扩张解释，认为“用于国际航行”包括但不限于“未来用于国际航行”或者说“潜在地用于国际航行”，即不能只考虑所谓本国“主权”的国家利益，忽略航行自由这一有益于整个国际社会的基本原则。[3] 那么，北极航道属于用于国际航行的海峡，就更具说服力。

北极航道并非属于一条海峡，西北航道与北方海航线均包括系列途经海峡，前者包括如梅尔维尔子爵海峡（Viscount Melville Sound）、兰开斯特海峡（Lancaster Sound）、巴罗海峡（Barrow Strait）和麦克卢而海峡（M’Clure Strait）等；后者包括如喀拉海峡（Kara Strait）、德米特里·拉普捷夫海峡（Dmitry Laptev Strait）、维利基茨海峡（Vilkitsky Strait）、德朗海峡（De Long Strait）和白令海峡（Bering strait）等。

既然西北航道与北方海航线均属于用于国际航行的海峡，则在其用于国际航行的领峡如巴罗海峡、白令海峡等，以及中间由于覆盖冰层等导致并不存在“similar convenience”的专属经济区或公海航道的非领峡中，适用过境通行制度，应具备明确的合法性、正当性。但加拿大与俄罗斯两国的立法却与该通行制度构成了冲突。

---

〔1〕 Donald R. Rothwell, “The Canadian – U. S. Northwest Passage Dispute: A Reassessment”, *Cornell International Law Journal*, 1993 (26), p. 357.

〔2〕 李人达：“论北极航道途经有关海峡的航行飞越制度”，载《新东方》2016年第6期，第19页。

〔3〕 谈谭：“俄罗斯北极航道国内法规与《联合国海洋法公约》的分歧及化解途经”，载《上海交通大学学报（哲学社会科学版）》2017年第1期，第30页。

（二）加拿大相关立法对过境通行制度的挑战

1.《北极水域污染防治法》

加拿大《北极水域污染防治法》（AWPPA. 1970，R. S. C.，1985，C. A－12）在防治北极水域污染的同时，其若干规定对《海洋法公约》第3部分规定的过境通行制度构成了挑战。

（1）对部分船舶的限制。该法第12条规定："总督可指定规章，规定所指定的任何类型的船舶禁止在指定的任何航行安全控制区内航行。"[1] 这就对《海洋法公约》第38（1）条规定之过境通行的适用对象的所有性构成了挑战。

（2）对船舶的检查。该法第15（4）条规定，"污染防治官员可登上航行安全控制区之内的任何船舶，并对其实施检查，认定该船是否符合第12条规定之标准。"[2] 这就对《海洋法公约》第38（1）条、第42（2）条规定的沿岸国不应阻碍、否定、妨碍、损害过境通行的义务构成了挑战。

（3）对船舶的扣押。该法第23（1）条规定："当污染防治官员有合理理由怀疑：（a）船舶已经违反本法或规章的任何条款，或（b）船舶所有人或所载全部或部分货物的所有人已经触犯本法第19（1）（b）条，经总督同意，污染防治官员可扣押在北极水域任何地方或加拿大领海、内水或内陆水的该船舶和所载货物。"[3] 这就对《海洋法公约》第44条规定的沿岸国不应予以停止过境通行的义务构成了挑战。

2.《北加拿大船舶航行服务区规章》

加拿大2010年《北加拿大船舶航行服务区规章》（Northern Canada Vessel Traffic Services Zone）是附属于《加拿大航运法》的规章，其部分法条明确关注了环保问题，如第1条对"危险品

---

〔1〕 See the Article 12 of Canada Article Waters Pollution Prevention Act.

〔2〕 See the Article 15（4）of Canada Article Waters Pollution Prevention Act.

〔3〕 See the Article 23（1）of Canada Article Waters Pollution Prevention Act.

(dangerous goods)”“污染物（pollutant)”的定义，第3（c）条对污染物或危险品的船舶的分类，第7（2)(e）条对污染情况的应急规定，体现了其鲜明的“绿法”特征。但其若干规定，对《海洋法公约》第3部分规定的过境通行制度构成了挑战。

该法第6（1)、7（1)、8（1）和9（1）条，分别规定了特定情况下，船舶必须提交（must ba provided）航行计划报告、位置报告、最终报告与偏航报告。〔1〕《海洋法公约》第38（2）条规定，过境通行的内涵是专为过境目的而行使的航行飞越自由，这就挑战了国际社会公认的，过境通行权不需提前向沿岸国通知或申请许可的国际规则；由于该法不适用于加拿大海军军舰，因而也挑战了《海洋法公约》第42（2）条的反歧视规则。

国际社会应认识到，与遵守国际规则所赢得的长远利益相比，违反国际法所获得的眼前利益难以相提并论。加拿大包容包括过境通行制度在内的通行规则在西北航道的适用性，将不仅给其本国而且也将给整个国际社会带来最佳利益。〔2〕

（三）俄罗斯相关立法对过境通行制度的挑战

俄罗斯有关航道的法律制度屡遭诟病〔3〕，对于其现行主要立法对过境通行制度的挑战，总结如下：

1.《俄罗斯联邦商业航运法》

俄罗斯联邦委员会2012年7月18日批准的《关于北方海航线水域商业航运政府规章的俄罗斯联邦特别法修正案》第3条，对1999年《俄罗斯联邦商业航运法》(Merchant Shipping Code of the Russian Federation）增加了第5.1条，其中部分规定：“①北

---

〔1〕 See the Articles 6（1), 7（1), 8（1）and 9（1）of Northern Canada Vessel Traffic Services Zone.

〔2〕 Matt Roston, “The Northwest Passage's Emergence as an International Highway”, *Southwestern Journal of International Law*, 2009（15), p. 470.

〔3〕 阎铁毅、李冬：“美、俄关于北极航道的行政管理法律体系研究”，载《社会科学辑刊》2011年第2期，第76页。

方海航线水域应视为毗连俄罗斯北方海岸的水域，包括内海水、领海、毗连区和专属经济区。……④如果船舶遵守（与北方海航线水域相关的）航行安全、保护海洋环境防止船舶污染的标准，以及遵守俄罗斯联邦参加的国际协定和俄罗斯联邦法律规定的北方海航线水域的航行规则，遵守本条第 2 项规定的北方海航线水域的航行规则，并且提交了俄罗斯联邦参加的国际协定和俄罗斯联邦法律要求的确认保险的文件，或者提交了因为船舶污染造成的损害或造成的其他损害而承担民事责任的经济担保的文件，则依据本条第 3 项第 1 子项之规定，颁发在北方海航线水域中航行的许可证。"[1] 该规定对《海洋法公约》第 3 部分规定的过境通行制度构成了挑战。

（1）增设了"北方海航线水域"的概念。根据《海洋法公约》第 35（a）条、第 35（b）条的规定，第 3 部分的任何规定只影响海峡内的特殊内水和领海区域。意思是说，过境通行制度适用的国际海峡区域，应是用于国际航行的领峡及符合条件的非领峡的特殊内水和领海区域，而绝非正常内水、专属经济区和公海区域，这是《海洋法公约》第 3 部分所反映的精神。俄罗斯立法增设"北方海航线水域"概念后，在专属经济区的航行也将被视为在此水域中航行，需要遵守俄罗斯的一系列航行规则。立法将海峡的内水、领海和专属经济区区域混为一谈，挑战了《海洋法公约》第 35（a）条、第 35（b）条的相关规定。

（2）增加了提交保险或经济担保的规定。修正案规定，如果不提交保险或经济担保，则不会被颁发北方海航线水域中航行的许可证，亦即，此项保险或经济担保的义务是具有一定的强制性的。《海洋法公约》第 42（1）条规定的海峡沿岸国具有的四类立

[1] See the Article 3 of On Amendments to Certain Legislative Acts of the Russian Federation Concerning State Regulation of Merchant Shipping on the Water Area of the Northern Sea Route.

法管辖权，是第三次海洋法会议中国际社会妥协平衡的产物，其中并未授予海峡沿岸国强制征收保险或经济担保的权力，俄罗斯此项规定挑战了这一款的相关规定。

（3）要求过境的船舶申请批准。该法的核心内容是，船舶进入北方海航线水域航行之前，必须向俄罗斯北方海航线管理局提出航行申请，经批准后方可进入该水域航行。这挑战了《海洋法公约》第38（2）条所规定的过境通行的内涵，即过境通行权的享有不需要提前向沿岸国通知或申请许可；同时也挑战了专属经济区中的航行飞越自由不需提前通知或申请批准的国际规则。

2.《北方海航线水域航行规则》

俄罗斯2013年《北方海航线水域航行规则》（Rules of Navigation on the Water Area of the Northern Sea Route）的若干规定，对《海洋法公约》第3部分规定的过境通行制度构成了挑战。

（1）规定了基于许可的船舶航行规则。该法第2条规定："……在北方海航线水域中基于许可的船舶航行规则已经生效。"[1] 如前所述，该规定挑战了《海洋法公约》第38（2）条所规定的过境通行的内涵。

（2）规定了实时报告制度。该法第14～20条规定了一系列的实时报告制度，如船长应在规定时间内向北方海航线管理局报告预期抵达的时间、船舶名称、船舶国际组织代码、目的港船员和乘客数量等信息，应在规定时间内向管理局报告离港时间等信息，等等。[2] 如前所述，《海洋法公约》第42（1）条规定的海峡沿岸国具有的四类立法管辖权中，并未授予海峡沿岸国要求船舶实时报告的权力，俄罗斯此规定对此构成挑战。

---

〔1〕 See the Article 2 of Rules of Navigation on the Water Area of the Northern Sea Route.

〔2〕 See the Articles 14～20 of Rules of Navigation on the Water Area of the Northern Sea Route.

（四）国际社会对加、俄两国的反对

反对主要来自美国和欧盟。中国的官方立场是希望过境通行制度得到各国的遵守和维护。美国、欧盟对北极航道适用过境通行制度的主张，客观上符合海峡使用国的国家利益。如有印籍学者在20世纪70年代就曾指出，对于印度而言，随着其海洋利益及运输总量的增长，它将会在海峡自由通行制度中极为受益，因而印度应极力主张和支持海峡中适用畅通和不受阻碍的通行制度。[1] 对于中国而言更是如此。可能是出于维护双边关系的考量，中国官方尚未评价加、俄两国相关立法，但这并不代表中国不需要过境通行北极航道，相反，该航道特别是北方海航线对中国破解马六甲困境至关重要，因此本书于此整理了美国和欧盟的反对声。

1. 美国的立场

美国坚持认为加拿大西北航道和俄罗斯北方海航线属于过境通行所规范的国际海峡[2]，美国坚持反对加拿大和俄罗斯立法对航行权和航行自由的非法干涉。[3]

（1）针对加拿大立法。1970年，加拿大制定了《北极水域污染防治法》。[4] 同年4月15日，美国政府照会加拿大："如果不经美国反对，加拿大的行为将为世界其他地方违反海洋自由原则开创一个先例，……商船航行将会严重受限，海军活动将会遭

---

〔1〕 See Ram Prakash Anand, *Law of the Sea*: *Caracas and Beyond*, Kalkaji: Radiant Publishers, 1978, pp. 14 ~ 15.

〔2〕 See "Canada Can Help Russia With Northern Sea Route", https: //themoscowtimes. com/articles/canada - can - help - russia - with - northern - sea - route - 15346, last visited on August 19, 2016.

〔3〕 R. Douglas Brubaker, *The Russian Arctic Straits*, Leiden: Martinus Nijhoff Publishers, 2005, p. 136.

〔4〕 James Kraska, "The Northern Canada Vessel Traffic Services Zone Regulations (NORDREG) and the Law of the Sea", *The International Journal of Marine and Coastal Law*, 2015 (30), pp. 225 ~ 226.

受严重损害。"[1] 但1972年8月2日，该法得以实施[2]，后于1985年修正。

1985年8月，美国海岸警卫队破冰船"极地海号"（USCG Polar Sea）过境了西北航道。[3] 美国欧洲和加拿大事务局同年回应："美国政府重申，两条航道（即西北航道和北方海航线）适用同样的航行规则，它们都是国际海峡。"[4] 随后两国政府展开谈判，并于1988年1月11日签署了《加拿大—美国北极合作协定》[5]，两国达成了妥协："美国政府承诺（pledges），美国破冰船在被加拿大主张为内水水域的所有航行应当取得加拿大政府的同意。"[6] 同时指出："……协定之任何内容或任何实践，均不会影响美国和加拿大政府对这一海域或其他海域的各自海洋立场，也不会影响两国对第三方的各自立场。"[7] 之后的1988年10月，美国"极地海号"破冰船通过西北航道前，美国政府作出了申请，加拿大予以同意。但该协定针对的仅为破冰船，除此之外的其他船舶的通行问题，至今仍悬而未决。

---

〔1〕 The Canadian Yearbook of International Law, 1974, p. 27. 转引自王泽林：《北极航道法律地位研究》，上海交通大学出版社2014年版，第23页。

〔2〕 James Kraska, "The Northern Canada Vessel Traffic Services Zone Regulations (NORDREG) and the Law of the Sea", *The International Journal of Marine and Coastal Law*, 2015 (30), p. 226.

〔3〕 Elizabeth B. Elliot – Meisel, "Understanding the Canada – United States Arctic Relationship", in Suzanne Lalonde and Ted L. McDorman, *International Law and Politics of the Arctic Ocean*, Leiden · Boston: Brill Nijhoff, 2015, p. 207.

〔4〕 See the "1985 Polar Sea controversy", http: //www. digplanet. com/wiki/1985_ Polar_ Sea_ controversy, last visited on August 19, 2016.

〔5〕 Nicholas C. Howson, "Breaking the Ice: The Canadian – American Dispute over the Arctic's Northwest Passage", *Columbia Journal of Transnational Law*, 1987 ~ 1988 (26), p. 337.

〔6〕 See the Article 3 of Canada and United States of America Agreement on Arctic Co-operation.

〔7〕 See the Article 4 of Canada and United States of America Agreement on Arctic Co-operation.

2010年7月1日，《北加拿大船舶航行服务区规章》生效。在此之前的同年3月19日，美国政府向加拿大政府递交了照会，认为该项立法的适用范围包括西北航道水域的前提是“至少……需要提交给国际海事组织并得其采纳”[1]。

(2) 针对苏联、俄罗斯立法。针对美军“伯顿岛号”和“北风号”破冰船在楚科奇海和东西伯利亚海东部的航行，1964年7月21日，苏联向美国提交备忘录称：“德米特里·拉普捷夫和桑尼科夫海峡，与拉普捷夫海和东西伯利亚海，……一起构成了苏联的历史性内水。”美国回应：“截至目前，找不到德米特里·拉普捷夫和桑尼科夫海峡属于历史性内水的国际法依据，甚至找不到历史性水域概念能适用到国际海峡的国际法依据。”[2]

1967年8月，美国海岸警卫队破冰船“艾迪斯托号”计划一场距离8000英里的环北冰洋航行（包括维利基茨基海峡）。苏联政府彼时对此宣称：“外国船舶通过维利基茨基海峡的行为，将被视为对苏联国界的侵犯。”美国后来予以取消。[3]

苏联解体后，1992年和1994年，美国国务院两度发表声明，指出俄罗斯北极海峡的地位应由国际法而非沿岸国国内法决定。[4]

(3) 美国最近几年的主张。2009年1月9日，美国颁布了

---

〔1〕 James Kraska, “The Northern Canada Vessel Traffic Services Zone Regulations (NORDREG) and the Law of the Sea”, *The International Journal of Marine and Coastal Law*, 2015 (30), p. 242.

〔2〕 See Full text of “International law studies, 1994: excessive maritime claims”, https://archive.org/stream/internationallaw66roac/internationallaw66roac_djvu.txt, last visited on August 19, 2016.

〔3〕 Nicholas C. Howson, “Breaking the Ice: The Canadian – American Dispute over the Arctic's Northwest Passage”, *Columbia Journal of Transnational Law*, 1987 ~ 1988 (26), p. 374.

〔4〕 管清蕾、郭培清：“北方海航道上的冲突事件（上）”，载《海洋世界》2010年第2期，第64页。

《国家安全总统令与国土安全总统令》，其中第3部分“政策”中涉及了北极航道的内容，指出：“海洋自由是国家首要关注的话题。西北通道是一个用于国际航行的海峡，北方海航线包括用于国际航行的海峡；过境通行制度适用于这些海峡。维护在北极地区的航行和飞越的权利和义务，会支持我们有能力在包括战略海峡的全球范围内行使这些权利。”〔1〕

2013年5月10日，美国公布了《国家北极地区战略报告》，其中的“增进美国安全利益”部分指出：“我们将在国际法的规定下，力促我们的船舶和飞机通过、潜行和飞越北极水域的水面、水体和上空，支持合法的商业活动……”〔2〕

2. 欧盟的立场

欧盟立场与美国相同或相近。

1985年，加拿大政府打算环绕该国的北极群岛建立直线基线，以便在该群岛水域行使主权。次年欧共体抗议称：“加拿大的直线基线，不能被认为具有合法性。”〔3〕

2008年11月20日，欧共体向欧洲议会与欧盟理事会提交的报告《欧盟和北极地区》第3.3“交通”部分指出：“海冰的消融，逐步增加了在北极水域的航行机会。”“政策目标是：逐步推进北极商业航运与更严格的安全、环保标准，以及避免有害影响，符合欧盟的利益。同样，在新开放的航线和区域，成员国和

〔1〕 See “National Security Presidential Directive and Homeland Security Presidential Directive”, http://fas.org/irp/offdocs/nspd/nspd-66.htm, last visited on August 19, 2016.

〔2〕 See “National Strategy for the Arctic Region”, https://www.whitehouse.gov/sites/default/files/docs/nat_arctic_strategy.pdf, last visited on August 19, 2016.

〔3〕 See “Great Game in a Cold Climate: Canada's Arctic Sovereignty in Question”, http://www.journal.forces.gc.ca/vo6/no4/north-nord-01-eng.asp, last visited on August 19, 2016.

欧盟都应捍卫航行自由原则和无害通过权。"[1]

2009年12月8日，欧盟理事会《关于北极问题的决定》第16条指出："在未来几年，面向海运与航行的北极航线将逐步开放。理事会重申，依据包括《海洋法公约》在内的国际法，船旗国、港口国和沿岸国拥有航行自由、无害通过和过境通行的权利和责任，理事会将监督其执行。"[2]

2012年6月26日，欧洲议会与欧盟理事会的联合报告《欧盟北极地区的发展对策：2008年以来的进展和下一步计划》之第2部分"2008年以来欧盟对北极的贡献摘要"指出："欧盟的关键政策目标仍然完全符合《海洋法公约》所界定的国际法和国际规则，包括航行自由原则和无害通过权。"[3]

欧盟包括27个成员国（不含英国），代表着欧洲主要国家的观点，在世界范围内影响力较大。

3. 中国与北极航道

2008年，美国、俄罗斯、加拿大、挪威和丹麦5个环北极沿海国家共同发表了《伊鲁萨特声明》，明确提出将在《海洋法公约》框架内解决北极海洋及大陆架争端。[4]北极问题的解决将是涉及经济、环境和法律等多项领域的综合事务，一个声明难以维系全部，这就为非北极国家介入北极事务提供了有益机会。2013年中国被北极理事会吸纳为正式观察员国。

中国在北极航道中存在巨大的国家利益与前进空间，宜未雨

---

〔1〕 See "The European Union and the Arctic Region", http://www.eeas. europa. eu/arctic_region/docs/com_08_763_en. pdf, last visited on August 19, 2016.

〔2〕 See "Council conclusions on Arctic issues", http://www. consilium. europa. eu/uedocs/cms_data/docs/pressdata/EN/foraff/111814. pdf, last visited on August 19, 2016.

〔3〕 See "Developing a European Union Policy towards the Arctic Region: progress since 2008 and next steps", http://eeas. europa. eu/archives/docs/arctic_region/docs/join_2012_19. pdf, last visited on February 11, 2017.

〔4〕 北极问题研究编写组编：《北极问题研究》，海洋出版社2011年版，第255页。

绸缪，尽早经营。北极航道是否属于用于国际航行的海峡，取决于其是否满足地理标准与功能标准，特别是功能标准，不同国家对其“用于”的理解不一。未来我国一方面应深入了解各类公约，提高认识程度，依规则提出自身诉求；[1] 另一方面宜与国际社会中北极航道主要的海峡使用国相合作，通过大规模商船运输，促使北极航道逐步满足“用于”的功能标准，为其日后适用过境通行制度埋下有益伏笔。[2] 但北极航道的通行问题，绝不仅仅是一个双边或多边适用海洋通行规则的法律问题，它明显与全球社会、经济、环境与政治现实紧密相连[3]，这就要求相关利益国拥有更高的外交智慧。

第二节　海峡使用国的权利和义务

一、使用国的船舶和飞机的权利

（一）专为过境目的而行使的航行和飞越自由

外国船舶和飞机在过境通行制度下享有的唯一权利，即专为过境之目的而行使的航行和飞越自由。

（二）以通常方式行使

《海洋法公约》第38（1）条对“所有”的规定，就意味着不管何种类型的船舶或飞机，均享有过境通行权，包括但不限于商船、军舰、潜水艇、民用飞机和战斗机等。且根据《海洋法公

〔1〕 韩立新、宋思昆：“北极海域的国际法规制及对中国利用北极航线的影响”，载《中国海商法研究》2016年第3期，第62页。

〔2〕 白佳玉：“北极航行：需多维度分析法律对策”，载《中国海洋报》2016年11月16日，第2版。

〔3〕 Jonathan R. Edge and David L. VanderZwaag, “Canada – Russia Relations in the Arctic”, in Suzanne Lalonde and Ted L. McDorman, *International Law and Politics of the Arctic Ocean*, Leiden · Boston: Brill Nijhoff, 2015, pp. 264 ~ 265.

约》第39（1）（c）的规定，适用对象应以“通常方式”过境，即潜水艇应潜行通过，维持其隐蔽性；战斗机、航空母舰等对象亦应以通常方式飞越或航行。相对于第19（2）条无害通过制对“以任何种类的武器进行任何操练或演习”的禁止，过境通行有利于保障海洋强国的军事力量在全球战略部署的机动性。

（三）和平时期军舰对豁免权的享有——兼评海洋法法庭自由号案

军舰在各个海域是否享有豁免权，是国际海洋法学界高度重视的一个问题。[1] 鉴于《海洋法公约》第32条、第42（5）条、第58（2）条和第95条已分别授予了军舰在他国海域无害通过、过境通行和自由航行飞越时所享有的豁免权，因而可知，军舰在他国用于国际航行的海峡的领海、专属经济区和公海区域均存在着豁免权，而不管该领海区域适用过境通行制度还是适用不应予以停止的无害通过制度。所以问题的关键就在于，军舰在他国内水（包括但不限于用于国际航行的海峡的内水和港口部分）是否享有该项权利？

国际司法实践中涉及军舰法律地位的新近典型案例当属海洋法法庭于2012年作出判决的自由号案[2]，通过对它的分析，可一窥国际司法机关的立场。它涉及军舰法律地位、附件七仲裁庭的初步证明管辖权、《海洋法公约》第15部分规定的争端解决制度的范围等多项海洋法问题，其中军舰在他国内水的法律地位是核心。

1. 案件梗概

1999年一场严重经济危机席卷了阿根廷，使其经济、财政状

---

〔1〕 See the “Joint Separate Opinion of Judge Wolfrum and Judge Cot”, https://www.itlos.org/fileadmin/itlos/documents/cases/case_no.20/C20_Ord_15.12.2012_SepOp_Wolfrum－Cot_E_corr.pdf, last visited on June 14, 2016.

〔2〕 See International Tribunal for the Law of the Sea: *The ARA Libertad Case* (*Argentina v. Ghana*), 2012.

况严重恶化，而美国 NML 资本公司购买了该国不少债务，总额含利息约合 3 亿美金，但阿根廷一直无力偿还，于是该公司在 2012 年 10 月申请加纳高等法院将位于该国特马港的阿根廷军舰自由号予以扣留，依此要求阿根廷政府支付 2000 万美元的保证金。而该军舰到访加纳该港口是得到加纳发自 2012 年 6 月 4 日的一则照会准许的。

因负债而出现军舰豁免权的情形可分多种：①甲国对乙国负债，乙国（一般通过法院裁判，以下同）扣押甲国在本国港口的军舰问题；②甲国对乙国私人负债，乙国扣押甲国在本国港口的军舰问题；③甲国对乙国负债，乙国请丙国扣押甲国在丙国港口的军舰问题；④甲国对乙国私人负债，乙国请丙国扣押甲国在丙国港口的军舰问题；⑤甲国对乙国私人负债，乙国私人请丙国扣押甲国在丙国港口的军舰问题；等等。其中，第⑤种即为自由号案例的情况。

在交换意见无果后，2012 年 11 月 14 日，阿根廷向海洋法法庭递交了一份诉求，请其针对加纳扣押本国军舰自由号的行为，依照《海洋法公约》第 290（5）条的规定，作出临时措施。2012 年 11 月 20 日，海洋法法庭庭长决定于 11 月 29 日召开听审程序。该通知于 20 日当日发给了原被告双方。11 月 28 日，加纳向海洋法法庭提交了辩方意见，意见复印件也于当日发送给了阿根廷代表。11 月 29 日、30 日，审判庭召开了四次公开庭审，双方口头陈述、证人证言等得以表达。12 月 15 日法庭作出了判决。

2. 判决内容

阿根廷的主要诉求是：加纳无条件准许阿根廷军舰自由号驶离特马港和加纳的管辖海域，并为此提供必要补给。

加纳的主张是：海洋法法庭应拒绝阿根廷于 11 月 14 日提出的临时措施请求；并命令阿根廷承担加纳因诉讼而支付的所有费用。

海洋法法庭的主要判决结果有二：①加纳应立即、无条件释放自由号，确保自由号指挥官和全体舰上人员能够离开特马港及加纳管辖的其他海域，并应确保自由号为此得到相应补给；②各方应承担各自花费。

3. 核心问题

如前所述，本案涉及争议较多，但加纳法院判决扣押自由号军舰的性质问题，即沿海国在内水的管辖权与他国军舰在此的豁免权之间的冲突问题，是本案的核心问题。对于《海洋法公约》第32条是否确认了军舰在内水也享有豁免权的问题，原被告双方存在不同意见。

考察阿根廷的控方意见可知，该国认为：《海洋法公约》第32条措辞“本公约规定不影响军舰……的豁免权”而非“本部分规定……”言外之意即本条的适用范围包括但不限于领海海域，它是适用于《海洋法公约》所划分的所有不同海域的，也当然适用于内水。军舰的豁免权是对于《海洋法公约》整个地理范围而言的，军舰在内水享有的豁免权与其在领海所享有的是一致的。

考察加纳的辩方意见可知，该国认为：《海洋法公约》第32条规定了军舰在领海享有豁免权，没有规定在内水也享有豁免权，值得注意的是，《海洋法公约》排除了关于港口管理体制与内水方面的规定。沿海国在内水享有完全的领土主权，任何停靠于内水的外国船舶，即便是经过许可的，也都要接受沿海国在立法、司法和执行方面的管辖权。

考察海洋法法庭的判决书可知，法庭基本支持了阿根廷的诉求：认为军舰是船旗国国家主权的一种表现，根据一般国际法，军舰在他国内水享有豁免权。武力扣押他国军舰之行为，阻止了其使命与职责的履行，侵犯了其依据一般国际法所享有的豁免权。加纳扣押自由号的行为侵犯了阿根廷的利益，应予立即、无条件释放之。

4. 有关启示

(1) 海洋法法庭对自由号案的判决明确了军舰在他国内水拥有豁免权。暂且不论海洋法法庭是否对本案具有管辖权,〔1〕仅从判决书来看,法庭支持了阿根廷的主要观点,即国际司法机关的实践认为《海洋法公约》第32条的规定赋予军舰在他国内水享有豁免权。虽说在本案之前的判例和条约均存在争议,国际社会没有达成共识,但该判例的公布,无疑成了军舰经准许驶过他国内水时享有司法豁免权的典型依据。

(2) 获准进入内水的军舰享有豁免权,〔2〕军舰享有此类豁免权有助于中国军舰走向全球。随着国家海上军事实力的迅猛发展,可以预见,未来中国势必会成为海上军事强国,有外媒报道当前中国军舰的数量已居世界第一。〔3〕一方面,中国军舰将履行必要国际义务,如参与到打击恐怖主义和海盗等维护海洋和平的国际行动中;〔4〕另一方面,我国当前正倡导与有关国家共建“丝绸之路经济带”和“21世纪海上丝绸之路”的重大战略,〔5〕特别是在“海上丝绸之路”建设中,我国军舰将参与保障国家海外权益行动。中国目前没有在海外建立任何军事基地,军舰之补

---

〔1〕如Wolfrum法官在该案的个人意见中指出,军舰在他国内水的豁免权问题并非《海洋法公约》条款所涉及的对象,《海洋法公约》第32条也并未像《领海及毗连区公约》第22(2)条或者《海洋法公约》第221(1)条那样规定可参考适用包括习惯在内的其他一般国际法,所以阿根廷提出的关于军舰内水法律地位问题的诉求与《海洋法公约》第288条之间不具关联性,因而《海洋法公约》框架内的四类争端解决程序对此并无管辖权。See the Joint Separate Opinion of Judge Wolfrum and Judge Cot.

〔2〕王全达:“军舰豁免权研究”,载《西安政治学院学报》2010年第6期,第86页。

〔3〕“外媒:中国军舰数量世界第一 总吨位仅次美俄”,载http://news.xinhuanet.com/mil/2014-07/29/c_126807696.htm,最后访问日期:2017年2月15日。

〔4〕黄惠康:“军舰护航打击索马里海盗:法律依据和司法程序安排”,载《中国海商法年刊》2011年第1期,第2~3页。

〔5〕李人达、邹立刚:“中国-东盟共建新海上丝绸之路法律机制研究”,载《中国海商法研究》2015年第1期,第8页。

给主要依靠综合补给舰或某些临近港口实施，如在亚丁湾护航的中国军舰主要停靠在吉布提港和亚丁港实施补给，因而将不可避免地驶过他国内水，这就需要充分解读和运用军舰的适度宽松的法律地位作为采取行动的法律依据。局限于以陆地为中心的近海领土安全和国防安全，将不能完全契合国家安全的重心。〔1〕自由号判决的作出，一定程度上扩充了军舰的豁免权，这对军舰逐步走向全球的中国来说整体上应属利大于弊。

二、使用国的船舶和飞机的义务

《海洋法公约》第 39 条规定了适用对象在过境通行时应遵守的义务。

（一）船舶和飞机在过境通行时的义务

1. 毫不迟延地通过或飞越

第 39（1）（a）条的“毫不迟延”主要意味着第 38（2）条的“继续不停和迅速过境”。即，除非特定情况发生，否则不得延迟。特定情况主要是指：①它是通常航行所附带发生的情况；②它是不可抗力或遇难所必要的；③它是为救助遇险的人员、船舶或飞机的目的而发生的。船舶因出现上述三类情况而发生的延迟，并不属于对义务的违反。

2. 不应进行武力威胁或使用武力

根据第 39（1）（b）条的规定，船舶和飞机在过境通行时，不应对沿岸国的主权、领土完整或政治独立进行任何武力威胁或使用武力。此外《海洋法公约》第 2 部分的第 19 条和第 16 部分的第 301 条也有类似规定。由于该条是根据 1947 年《联合国宪章》第 2（4）条制定的，因而此处对“武力威胁或使用武力”的理解，应遵从宪章的解释。但宪章该条中并未规定“主权”，

〔1〕袁发强：“国家安全视角下的航行自由”，载《法学研究》2015 年第 3 期，第 207 页。

《海洋法公约》对“主权”的增加，主要是为了强调过境通行是在沿岸国领海内发生的。[1] 但如果此项武力是在《联合国宪章》所体现的国际法原则的方式之内使用的，则不应视为对该义务之违反。

（二）过境通行的船舶的特别义务

1. 遵守相关国际规范

根据第 39（2）条的规定，此处的国际法规范主要包括两类：一是关于海上安全的国际规章、程序和惯例，如 1972 年《国际海上避碰规则公约》；二是关于防止、减少和控制船舶污染的国际规章、程序和惯例，如 1973 年《国际防止船舶造成污染公约》。本条使用广泛用语，盖因试图强调所有在国际海事组织主办下通过之相关公约、决议、文件，均可被认定为一般接受之规章。

2. 非经准许不应进行研究或测量活动

根据第 40 条的规定，此处的研究并不限于海洋科研，而是包括任何研究活动。该条英文文本中的“沿岸国”为复数，即当存在数个沿岸国时，外国船舶在此开展研究活动，应获得所有沿岸国准许。

3. 尊重海道和分道通航制

根据第 41（7）条的规定，过境通行的船舶应尊重沿岸国依法制定的海道和分道通航制。此处的“尊重”也一般应理解为“遵守”，但存在争议，为不同学者作不同主张留下了可供讨论的空间。

（三）过境通行的飞机的特别义务

1. 遵守相关国际法

根据第 39（3）（a）条的规定，民用飞机应遵守国际民用航

---

〔1〕 王泽林：《北极航道法律地位研究》，上海交通大学出版社 2014 年版，第 114 页。

空组织的航行规则，如1944年《芝加哥公约》和《国际航空过境协定》，包括军机在内的国有飞机则通常应遵守该规则。据此，过境的民用飞机应向沿岸国报告方位，而国有飞机则通常应报告方位。对国有飞机义务的弱化，来自于第三次海洋法会议期间美国的坚持。后采纳了斐济的观点，加入了“通常”一词。

2. 随时监听相关无线电频率

鉴于第39（3）（b）条中用的措辞是“或（or）”而非“和（and）”，因而飞机应择地方当局无线电频率或国际呼救频率二者之一来进行监听。其中国际呼救无线电频率为121.5MHz。但具体实践上，飞机基于自身安全考虑会选择同时监听上述两个无线电频率。

（四）适用对象对义务的违反并非必然导致过境通行权的丧失

《海洋法公约》第38（3）条规定：“任何非行使海峡过境通行权的活动，仍受本公约其他适用的规定的限制。”该条款对沿岸国的权力规定得尚不清晰。《海洋法公约》第38条规定了过境通行的概念，第39～42条规定了过境的船舶和飞机的义务。但其第3部分中，并未像第2部分之第27、28条那样，明确规定出刑事管辖权和民事管辖权。适用过境通行制度的海峡的沿岸国所享有的管辖权权限，比《海洋法公约》第2部分的领海国享有的要小得多。

《海洋法公约》第3部分并未像第2部分第19（2）条那样，对“非过境通行”或“非群岛海道通过”规定出系列清单。确定为“有害”的系列行为，并非必然地、全部地在过境通行和群岛海道通过中予以禁止。即过境通过并不要求通过的无害性。[1] 如第19（2）（e）条规定的“在船上起落或接载任何飞机”是针对

〔1〕 金永明：“论领海无害通过制度”，载《国际法研究》2016年第2期，第64页。

非无害通过的规定，不可能被适用于过境通行中，因为过境通行的对象包括所有船舶和飞机，如果飞机属于舰载飞机的话，其起落或搭载则完全属于正常的存在方式。

相对于“非无害”行为将被沿海国禁止通过的结果，若过境通行的船舶和飞机违反第39～42条规定的义务，《海洋法公约》没有授予沿岸国对其实行阻碍、否定、妨碍、损害或停止的权力。因而并不能当然认为，船舶和飞机违反义务的行为，就属于类似“非无害”的“非过境通行”行为，更不能认为会导致过境通行权的丧失。

《海洋法公约》第42（5）条规定：“享有主权豁免的船舶的船旗国或飞机的登记国，在该船舶或飞机不遵守这种法律和规章或本部分的其他规定时，应对海峡沿岸国遭受的任何损失和损害负国际责任。”该规定只是原则性地指出了船旗国或登记国应“负国际责任”，尚缺具体事宜规定，因而第39条的规定，其实主要指的是对适用对象的“自我约束（self－discipline）”，当过境通行的船舶违反第39条的义务时，海峡沿岸国唯一可用的补救措施其实就是追逐权（pursue），违反国际法的问题将通过外交途径或其他争端解决程序解决。[1] 即对过境通行义务的不遵守，并不当然导致沿岸国的强制执行行为。[2]

三、使用国的监督义务

海峡使用国应监督本国的船舶和飞机依法行使过境通行的权利、履行过境通行的义务，并为其享有主权豁免的船舶和飞机违反沿岸国的立法管辖权的行为承担国际责任。负有监督义务的使用国的自律精神，是其适用过境通行所应负的理所当然的义务，

---

〔1〕 Hugo Caminos, “The Legal Regime of Straits in the 1982 United Nations Convention on the Law of the Sea”, *Recueil des cours*, 1987（205）, pp. 149～150.

〔2〕 B. H. Oxman, “Transit of Straits and Archipelagic Waters by Military Aircraft”, *Singapore Journal of International and Comparative Law*, 2000（4）, p. 409.

不仅反映和践行着国际社会的共同准则，体现着规则意识下的公平性，而且有助于促进海峡的安全性、通畅性与合作性，对其自身而言也可受益其中。

第三节　海峡使用国与海峡沿岸国的合作

《海洋法公约》第43条规定了国际海峡的使用国和沿岸国应通过协议在助航“改进办法”和“防止、减少和控制来自船舶的污染”的方面进行合作。

一、合作的制度价值

在《海洋法公约》自1982年正式公布至今的三十余年间，国际海峡的问题接连不断，其中特别体现于航行安全与环境保护方面，《海洋法公约》第43条则为海峡沿岸国和使用国在这两方面开展合作搭建了框架性规则。[1] 该条包括两项含义：①海峡使用国和海峡沿岸国应合作在海峡内建立并维持必要的助航和安全设备或帮助国际航行的其他改进办法。实践中包括水路测量、航运图绘制、航运设施装设与维护等。②海峡使用国和海峡沿岸国应合作防止、减少和控制来自船舶的污染。实践中包括设立油污基金、提供技术援助等。

《海洋法公约》在设计国际海峡的通行制度时，并未局限于过境通行，而是还有其他三类通行制度，即适用专门公约制度的国际海峡、不同海域分别适用各自通行制度的国际海峡和适用不应予以停止的无害通过制度的国际海峡。《海洋法公约》第43条的内容规定于《海洋法公约》第3部分第2节“过境通行”之

---

〔1〕 S. N. Nandan, “The provisions on Straits Used for International Navigation in the 1982 United Nations Convention on the Law of the Sea”, *Singapore Journal of International and Comparative Law*, 1998 (393), p. 397.

内，因而该条的适用范围仅限于适用过境通行制度的国际海峡。

《海洋法公约》第 43 条的合作义务，规定于公约第 3 部分第 2 节的“过境通行”之内，并未规定于第 2 部分第 3 节“领海的无害通过”或第 3 部分第 3 节“无害通过”之中，本身就说明了其存在的制度价值，即第 43 条的制定无非就是为了解决沿岸国对于海峡管控力的不足所带来的环境和安全困境。[1] 但是无害通过制度下，为何不需要沿海国和使用国的合作呢？这是因为在该制度下，沿海国具有比过境通行制度下更强有力的管控权限，因而这样的省略绝非偶然。第 43 条的规定为过境通行制度下沿岸国与使用国的利益的平衡提供了新的契机。[2]

二、合作的主体

在《海洋法公约》第 3 部分中，除了第 42（5）条原则性地指出了船旗国或登记国应对其享有主权豁免的船舶和飞机违反义务的行为“负国际责任”之外，海峡使用国并不作为一个主体来承担责任。但《海洋法公约》第 43 条的规定，增加了国际海峡使用国的义务，使其不仅是过境通行权的享有者，而且承担着在确保海峡航行安全和控制船舶污染方面的义务。这一规定有助于减轻海峡沿岸国的负担，整合国际资源以实现海峡合作的目标。

《海洋法公约》第 43 条将义务主体界定为“海峡沿岸国（States bordering a strait）”与“使用国（user states）”，其中关于海峡沿岸国，根据海洋地理学的含义，并不难界定，这里存疑的是对“使用国（user states）”的理解。

---

〔1〕 B. H. Oxman, “Observations on the Interpretation and Application of Article 43 of the United Nations Convention of the Law of the Sea with Particular Reference to the Straits of Malacca and Singapore”, *Singapore Yearbook of International Law*, 1999（3）, p. 416.

〔2〕 B. H. Oxman, “Centennial Essay: The Territorial Temptation: A Siren Song at Sea”, *American Journal of International Law*, 2006（100）, p. 830.

1974 年英国草案本身的意思是将使用国界定为“过境通行的船舶所在国”，而未使用较易理解的船旗国的措辞[1]，但根据注册登记地原则，二者恐怕又不能作差异化理解，其他的概念就更不与“使用国”相关了。Rothwell 在法条释析时，将这里的使用国直接理解成了使用海峡的船舶和飞机的旗帜国（the flag states）。[2] George 在阐述该条时，也是直接使用了“船旗国(flag states)”的措辞。[3] 因此根据严格解释的原则，当使用国的船舶或飞机存在过境通行一海峡的事实时，它才被劝告与或者说有权与海峡沿岸国开展两方面的合作，而并非说，所有从过境通行中获益的国家都被劝告与海峡沿岸国开展合作。如果说并不限于船旗国，作为受益国的船舶驶出国或目的国也是第 43 条的义务主体的话（如一艘希腊商船从伊朗运送货物经马六甲海峡驶往韩国，这里的伊朗与韩国也属于受益国），那不仅将是对公约条款的无限扩大解释，而且也体现不出责任机制的执行，在此种情况下，驶出国（如伊朗）或目的国（如韩国）未必都愿意开展此项合作，沿岸国（马来西亚等）有权以它们不执行第 43 条的义务为由而禁止其船舶和飞机的过境通行吗？答案显然是否定的，因而对“使用国”作扩大解释，恐怕不仅不符合条约法的初衷及内涵，而且在实践上也没有效力。

三、合作的性质

《海洋法公约》第 43 条中文作准文本中使用的措辞是“应”，从法律解释来看，反映的是义务的强制性。但对英文作准文本的理解却并非如此：1974 年英国草案在此使用的措辞是“should”

---

〔1〕 United Nations Document：A/CONF. 62/C. 2/L. 3，1974，p. 186.

〔2〕 Donald R. Rothwell，*Law of the Sea*，Cheltenham · MA：Edward Elgar Pub，2013，p. 403.

〔3〕 Mary George，*Legal Regime of the Straits of Malacca and Singapore*，Singapore：LexisNexis，2008，p. 133.

而非“shall”。should 一般指劝说性（hortatory），may 指建议性（permissive），shall 则指强制性（mandate）。[1]

1974 年英国草案第 3 章第 5 条使用的措辞是 should[2]，1974 年马来西亚等四国草案第 23 条使用的措辞是“may”[3]。自 ISNT 第 42 条，至 RSNT 第 41 条、ICNT 第 43 条、ICNT 第一次修订稿第 43 条、ICNT 第二次修订稿第 43 条、ICNT 第三次修订稿第 43 条，直至《海洋法公约》第 43 条，它们的条文内容均略有变动，但于此的措辞却均为“should”。时至 2008 年，联合国秘书长潘基文就此问题进行阐述时，使用的依然是“should”的措辞，而非“shall”。[4]

“should”与“shall”在公约中的区分尤为明显，《海洋法公约》英文文本全文（含附件）中“should”有 35 处，“shall”有 1343 处，二者绝非等同。可见，第 43 条对“助航和安全设备及其他改进办法以及污染的防止、减少和控制”方面的规定属于实地适用的范畴[5]，其义务不具直接执行力（no direct enforcement mechanism）[6]，合作的性质应属劝告性[7]，而非义务性，对双

---

〔1〕 Nilufer Oral, “Straits Used in International Navigation, Used Fees and Article 43 of the 1982 Law of the Sea Convention”, *Oceans Yearbook*, 2006 (20), p. 586.

〔2〕 United Nations Document: A/CONF. 62/C. 2/L. 3, 1974, p. 186.

〔3〕 United Nations Document: A/CONF. 62/C. 2/L. 16, 1974, p. 195.

〔4〕 “in straits used for international navigation, user States and States bordering straits should cooperate regarding navigational and safety aids and other improvements and the prevention, reduction and control of pollution.” United Nations Document: A/63/63/, 2008, p. 215.

〔5〕 M. L. Pal and G. Gotteche - Wanli, “Proposed Usage and Management of the Fund Part IV: Funding and Managing International Partnerships”, *Singapore Yearbook of International Law*, 1993 (3), p. 103.

〔6〕 S. N. Nandan, “The provisions on Straits Used for International Navigation in the 1982 United Nations Convention on the Law of the Sea”, *Singapore Journal of International and Comparative Law*, 1998 (393), p. 397.

〔7〕［斐济］萨切雅·南丹、［以］沙卜泰·罗森原书主编，吕文正、毛彬中译本主编：《1982 年〈联合国海洋法公约〉评注》（第 2 卷），海洋出版社 2014 年版，第 346 页。

方主体而言欠缺进一步督促执行的国际拘束力。

四、合作的效果

从 1982 年《海洋法公约》公布至今的 30 多年的实施效果来看，第 43 条立法的实施效果欠缺，反映了条款本身的难操作性，适用前景尚不明朗。[1]

为此，一方面应充分发挥国际海事组织的作用。国际海事组织是联合国负责海上安全和防止船舶造成污染的专门机构，应在海峡使用国义务分担方面发挥主导作用[2]，如积极为海峡使用国和沿岸国的合作提供平台、掌握并着力解决使用国和沿岸国双方的意见和诉求、推动海峡使用国和沿岸国的合作形成机制等。另一方面应明确合作的方式与范围，不应拘泥于《海洋法公约》规定的助航“改进办法”和“防止、减少和控制来自船舶的污染”这两个方面，在其他如人员培训、资金扶助、技术支持或使用国与沿岸国在互相协商认可的任何方面，均宜倡导开展合作，以促进海峡的安全、环保与发展。

第四节　本章小结

第二章界定了过境通行制度相关主体的权利义务。

1. 海峡沿岸国的权利、义务

(1) 1982 年《海洋法公约》第 42（1）条的规定将沿岸国的立法权范围限定为（a）~（d）的四项之内，这四项倍经推敲的限定范围皆针对船舶的过境通行而言，因而海峡沿岸国无权以立法的形式就有关飞机的以及除此之外的船舶的过境通行加以限

---

〔1〕 Tullio Scovazzi, *The Evolution of International Law of the Sea: New Issues*, New Challenges, The Hague: Matinus Nijhoff, 2001, p. 174.

〔2〕 梅宏、吉克：“完善《公约》第 43 条 实现共惠海峡目标”，载《中国海洋报》2012 年 11 月 21 日第 A4 版。

定。《海洋法公约》第3部分的第38（1）条、第42（2）条和第44条一再强调，海峡沿岸国不应“阻碍”“否定”“妨碍”“损害”或“停止”适用对象的过境通行权，因而《海洋法公约》第42（1）条的授权不含对过境对象施加任何形式负面效果的执行管辖。

（2）综合考察《海洋法公约》第3部分的规定可知，海峡沿岸国的义务包括如下四个方面：不应阻碍、否定、妨碍、损害或停止过境通行；不应要求通知或申请批准；应就有关事项妥为公布；不应歧视其他国家的船舶。当前部分海峡沿岸国立法与其负有的过境通行义务间存在冲突，典型如加拿大的《北极水域污染防治法》《北加拿大船舶航行服务区规章》，俄罗斯的《联邦商业航运法》《北方海航线水域航行规则》。

2. 海峡使用国的权利、义务

（1）使用国的船舶和飞机享有以通常方式专为过境目的的航行和飞越自由。“通常方式”意味着，潜水艇应潜行通过，维持其隐蔽性，战斗机、航空母舰等对象亦应以通常方式飞越或航行。相对于《海洋法公约》第19（2）条无害通过制对“以任何种类的武器进行任何操练或演习”的禁止，过境通行有利于保障海洋强国的军事力量在全球战略部署的机动性。

（2）过境的船舶和飞机在过境通行时的义务包括毫不迟延地航行或飞越，不应进行武力威胁或使用武力。此外，过境通行的船舶和飞机分别负有各自的特别义务。《海洋法公约》第3部分并未对“非过境通行”规定出系列清单，确定为“有害”的系列行为，并非必然地、全部地在过境通行中予以禁止。海峡使用国应监督本国的船舶和飞机依法行使过境通行的权利、履行过境通行的义务。

3. 海峡使用国与海峡沿岸国的合作

（1）根据《海洋法公约》第3部分第2节中第43条的规定，合作的目的在于解决海峡沿岸国对于海峡管控力的不足所带来的环境和安全困境。第 43 条的规定为过境通行制度下沿岸国与使用国的利益的平衡提供了新的契机。

（2）合作的主体是海峡沿岸国与使用国，此处的使用国，其实就是船舶或飞机的旗帜国，根据严格解释的原则，当使用国的船舶或飞机存在过境通行一海峡的事实时，它才被劝告与或者说有权与海峡沿岸国开展合作。

（3）合作的性质是劝告性（should），而非义务性（shall）的，缺乏进一步执行的国际拘束力。

（4）从 1982 年《海洋法公约》公布至今的 30 多年的实施效果来看，第 43 条立法的实施效果欠缺，反映了条款本身的难操作性，适用前景尚不明朗。为此，一方面应充分发挥国际海事组织的作用，另一方面应明确合作的方式与范围。

综合而言，过境通行相关主体的权利义务界定可见表 2 所示。

表 2　过境通行相关主体的权利义务界定一览表

<table>
<tr><td rowspan="5">海峡沿岸国的权利</td><td rowspan="4">立法管辖权</td><td>（1）“第 41 条所规定的航行安全和海上交通管理”方面</td></tr>
<tr><td>（2）“使有关在海峡内排放油类、油污废物和其他有毒物质的适用的国际规章有效”方面</td></tr>
<tr><td>（3）就“渔船，防止捕鱼，包括渔具的装载”方面</td></tr>
<tr><td>（4）就“海关、财政、移民或卫生”包括“上下任何商品、货币或人员”方面</td></tr>
<tr><td>执行管辖权</td><td>海峡沿岸国并不享有执行管辖权</td></tr>
<tr><td colspan="2" rowspan="4">海峡沿岸国的义务</td><td>（1）不应阻碍、否定、妨碍、损害或停止过境通行</td></tr>
<tr><td>（2）不应要求通知或申请批准</td></tr>
<tr><td>（3）妥为公布</td></tr>
<tr><td>（4）不歧视</td></tr>
<tr><td colspan="2" rowspan="2">海峡使用国的权利</td><td>（1）专为过境目的的航行和飞越自由</td></tr>
<tr><td>（2）以通常方式行使</td></tr>
</table>

续表

<table>
<tr><td rowspan="9">海峡使用国的义务</td><td rowspan="2">船舶和飞机在过境通行时的义务</td><td>(1) 毫不延迟地通过或飞越</td></tr>
<tr><td>(2) 不应进行武力威胁或使用武力</td></tr>
<tr><td rowspan="3">过境通行的船舶的特别义务</td><td>(1) 遵守相关国际法</td></tr>
<tr><td>(2) 非经准许不应进行研究或测量活动</td></tr>
<tr><td>(3) 尊重海道和分道通航制</td></tr>
<tr><td rowspan="2">过境通行的飞机的特别义务</td><td>(1) 遵守相关国际法</td></tr>
<tr><td>(2) 随时监听相关无线电频率</td></tr>
<tr><td colspan="2">适用对象对义务的违反并不必然导致过境通行权的丧失</td></tr>
<tr><td colspan="2">海峡沿岸国负有监督义务</td></tr>
<tr><td colspan="2">海峡使用国与海峡沿岸国的合作</td><td>阐释了合作的制度价值、合作的主体、合作的性质以及合作的效果</td></tr>
</table>

第三章　过境通行制度的适用规则

过境通行制度的适用对象为何？过境通行制度的适用范围是什么？过境通行制度的适用目的是什么？它在适用上与其他通行制度有何区别？本章将着重解决这些问题。

第一节　过境通行制度的适用对象

一、所有船舶和飞机

根据《海洋法公约》第 38（1）条的规定，“所有船舶和飞机（all ships and aircraft）”享有过境通行的权利。第 53 条的“群岛海道通过权”的适用对象与之一致。“所有”的措辞就意味着不因船舶和飞机的类型而有所区别。

“所有船舶和飞机”的措辞，最先出自 1974 年英国草案第 3 章第 1 条的规定[1]，虽说在从英国草案到《海洋法公约》的演进过程中，过境通行制度得以七次修订[2]，但每次修订均未影响此一“所有船舶和飞机”的规定，它被依次规定于 ISNT 第 38（1）条、RSNT 第 37（1）条、ICNT 第 38（1）条、ICNT 第一次

〔1〕 United Nations Document：A/CONF. 62/C. 2/L. 3，1974，p. 185.

〔2〕 七次修订稿即 ISNT、RSNT、ICNT、ICNT 第一次修订稿、ICNT 第二次修订稿、ICNT 第三次修订稿和《海洋法公约》。

修订案第38（1）条、ICNT第二次修订案第38（1）条、ICNT第三次修订案第38（1）条和《海洋法公约》的第38（1）条中。

理论上，船舶和飞机可以有很多种，如军舰、武装的或侦查的潜水艇、公务船舶、商船、渔船、载有危险物的船舶等。但是根据《海洋法公约》第2部分第3节和第3部分第39条的综合规定，按其所属机构的不同进行划分，所有船舶应可分为“商船和用于商业目的的政府船舶”以及“军舰和其他用于非商业目的的政府船舶”两大类；所有飞机应可分为“民用飞机”和“国有飞机（含军机）”两大类。军舰、军机一般是指属于一国武装部队、具备外部标志、由该国委任在册的船舶、飞机。[1] 由于性质特殊，学界及各国主张对过境通行的适用对象富有争议的主要是军舰、军机、潜水艇以及载有危险物的船舶。

二、对部分富有争议的对象的评价

（一）关于军舰

《海洋法公约》第38条规定的作为过境通行制度适用对象的“所有船舶（all ships）”的含义，并未给军舰等特定船舶是否排除适用留下可供各国学者或政府解释或讨论的空间。

“所有船舶”包括军舰、核动力船舶、装载核或其他危险物质的船舶。[2] 会议过程中，菲律宾代表多次提出的要对军舰、核动力船舶及其他几款特殊类型的船舶的通行给予更多限制的议案，以及马来西亚代表提出的要求船舶提交财政担保等限制措施的议案，均因遭到了普遍反对而并未被会议所接受。[3] 这就充分

---

〔1〕 王军敏：“论军舰在海洋法中的法律地位”，载《青岛海洋大学学报（社会科学版）》2002年第2期，第46页。

〔2〕 Kheng－Lian Koh, *Straits in International Navigation: Contemporary Issues*, New York: Oceana Publications, 1982, p. 153.

〔3〕 Renate Platzoder, *Third United Nations Conference on the Law of the Sea: Documents*, New York: Oceana Publications, 1982, pp. 473, 398.

说明了，过境通行适用对象的广泛性得到了国际社会的承认。因而此处的“所有船舶”是包括“商船和用于商业目的的政府船舶”以及“军舰和其他用于非商业目的的政府船舶”在内的任何船舶。

但此处不能当然地反证出军舰不享有无害通过权的结论。从框架上来看，《海洋法公约》第2部分第3节第A分节之第17条所规定的无害通过权，是“适用于所有船舶的规则”，这里的“所有船舶”其实就是包括了第B分节的“商船和用于商业目的的政府船舶”以及第C分节的“军舰和其他用于非商业目的的政府船舶”。

军舰的法律地位与商船不同〔1〕，军舰的无害通过存很大争议，这里的争议指的并不是军舰是否享有无害通过权，而是指外国军舰在通过领海前是否应受到沿海国要求通知或批准的限制。张国斌就此专门指出：“笔者首先认为，1982年《海洋法公约》第17条已经赋予了外国军舰无害通过权。因为公约第17条是适用于‘所有船舶’的规则，‘所有船舶’当然包括军舰在内。这一点从字面意思上就能讲清楚。……外国军舰享有1982年《海洋法公约》所规定的无害通过权并不意味着外国军舰可没有任何限制地通过沿海国领海。”〔2〕意即，沿海国要求外国军舰无害通过前作出通知或申请批准的规定，本身并不等同于否认了军舰的无害通过。发展中国家多对外国军舰在通过领海前给予限制，而海洋大国则多强调自由使用。〔3〕

在国家实践上，全球主张军舰在通过领海前需要通知或申请

〔1〕 Budislav Vukas, *The Law of the Sea: Selected Writings*, Leiden · Boston: Martinus Nijhoff Publishers, 2004, p. 142.

〔2〕 张国斌：“无害通过制度研究”，华东政法大学2015年博士学位论文，第122页。

〔3〕 金永明：“论领海无害通过制度”，载《国际法研究》2016年第2期，第67页。

批准的国家有 40 多个。〔1〕即，沿海国可允许外国军舰无害通过领海而不加特别要求，也可规定须经事先通知或许可，或履行其他要求；意欲实行这种通过的外国军舰应遵守沿海国的法律和规章所规定的要求。〔2〕中国官方对军舰无害通过的一贯立场是事先批准制，即外国军舰未经批准，不得进入中国领海。中国军舰在无害通过他国领海前，也一贯遵守他国立法的规定。中国立法包括 1958 年《关于领海的声明》、1984 年《海上交通安全法》(2016 年修正）第 11 条、1992 年《领海及毗连区法》第 6 条以及 1996 年《全国人大常委会关于批准〈联合国海洋法公约〉的决定》第 4 条。中国制定此类法律，要求他国军舰驶过本国领海前申请批准，并未违反《海洋法公约》第 17 条的规定，存在充分的国际法依据。

以中美实践为例，中国军舰曾于 2015 年 9 月 3 日 ~4 日径行驶过白令海中塔纳加海峡的美国领海海域，中国官方认为此为过境通行用于国际航行的海峡。但美国国防部亚太事务发言人 Urban 提出，美军北方司令部视此举属符合国际法的无害通过。〔3〕塔纳加海峡处于北极航道连接太平洋的重要或者说主要海域，随着北极航道通航能力的日渐增强，它当然有能力用于国际航行。美国国务院认为，“用于国际航行”一词包括但不限于所有有能力成为被用于国际航行的海峡。〔4〕因而中美两国对其属于用于国

〔1〕张晏瑲：《海洋法案例研习》，清华大学出版社 2015 年版，第 64 页。

〔2〕邵津：“关于外国军舰无害通过领海的一般国际法规则”，载《中国国际法年刊：1989 年卷》，法律出版社 1990 年版，第 138 页。

〔3〕See the report of VOA, http://www.voachinese.com/content/voa-news-chinese-warship-us-passage-international-20150908/2952840.html, last visited on June 9, 2016.

〔4〕US Senate, Exec. Report 110-09, UNCLOS, Committee on Foreign Relations, Resolution of Advice and Consent to Ratification, Treaty Doc. 103-29, 2007, p. 20.

际航行的海峡并无异议，此外因其最小宽度为 11 海里属于领峡[1]，那么在其领海区域就应适用过境通行制度。美方认为其应适用无害通过制度的理由可能有二：一是美国军方确实理解错了。二是明知故犯，即它明明知道应适用过境通行，却偏偏说成是无害通过，如若果真如此，那么它的目的应是为这一主张埋下伏笔：希望其军舰能够依照主权平等原则享有径行无害通过中国领海的权利。事实证明，第二种可能性更大，如美国海军战争学院 Stockton 国际法研究中心 Kraska 彼时认为："中国军舰通过阿留申群岛的法律效应（legal equivalent），等同于美国驱逐舰穿越琼州海峡的性质。"[2] 然而，塔纳加海峡属于适用过境通行制度的国际海峡，琼州海峡经后文第六章分析可知属于对外国军舰关闭通行的中国内海，二者效应怎能等同？

（二）关于军机

此处的飞机为所有飞机，不对民用或国有飞机（含军机）进行区分。第三次海洋法会议期间，西班牙曾向 ISNT、RSNT 主张，将"飞机"的措辞从过境通行的适用对象中予以删除[3]，希腊亦曾向 ISNT 提出类似主张[4]，菲律宾也向 ISNT、RSNT 主张将"飞机"的措辞从群岛海道通过的适用对象中予以删除[5]，但均未得到会议接受。这就说明了，过境通行适用对象包括（而不限

---

〔1〕 See the Wikipedia of "Tanaga_Pass", https://en.wikipedia.org/wiki/Tanaga_Pass, last visited on December 23, 2016.

〔2〕 See Sam LaGrone, Chinese Warships Made 'Innocent Passage' Through U.S. Territorial Waters off Alaska", https://news.usni.org/2015/09/03/chinese-warships-made-innocent-passage-through-u-s-territorial-waters-off-alaska, last visited on December 30, 2016.

〔3〕 Renate Platzoder, *Third United Nations Conference on the Law of the Sea: Documents*, New York: Oceana Publications, 1982, pp. 275, 393.

〔4〕 Renate Platzoder, *Third United Nations Conference on the Law of the Sea: Documents*, New York: Oceana Publications, 1982, p. 282.

〔5〕 Renate Platzoder, *Third United Nations Conference on the Law of the Sea: Documents*, New York: Oceana Publications, 1982, pp. 336, 473.

于）“所有……飞机”，包括民用飞机和军用飞机。比较而言，《海洋法公约》第17条“无害通过权”的适用对象是“所有国家的船舶（ships of all States）”，而不包括飞机。

也就是说，《海洋法公约》隐含着对空军全球触角、全球力量战略的意义，特别是满足了海洋强国的国家利益。如美国军机通过适用过境通行制度不受限制地飞越直布罗陀海峡，在1986年对利比亚实施了空中打击。1990年，在伊拉克入侵科威特的数小时内，美国军机适用过境通行制度不受限制地飞越了多个国际海峡，前往沙特阿拉伯，拉开了沙漠盾牌行动。[1] 这就说明了，军机在用于国际航行的海峡享有过境通行权，这就提高了行动的安全性与灵活性。

经过对第三次海洋法会议所有相关文件的详细查询，作者并未见到有国家提出要求过境通行的船舶或飞机预先向沿岸国政府通知或申请许可的议案，且自1982年公约公布至今的国际实践也充分证实了这一点，这就说明了国际社会认可，过境通行权的享有不需提前向沿岸国通知或申请许可。

但是这并不能当然得出军舰、军机在过境通行时不受任何限制的结论。如斐济草案第12（2）条提出，“军舰不应进行军事演习及任何与直接通过无关的行为”[2]；苏联等六国草案第1（2）（a）条和第3（2）（b）条分别提出：“军舰不应从事演习、开火、使用任何武器、起降舰载飞机、从事水文调查等任何与通过无关之行为”“军机不应从事使用任何武器、照相、盘旋、俯冲等任何与通过无关之行为”。[3] 此外，马其他、摩洛哥、希腊等国在第三次海洋法会议中亦曾提出有关限制军舰军机的主张。因此，虽然《海洋法公约》中并未规定军舰军机的特定义务，但

〔1〕 傅崐成等编译：《弗吉尼亚大学海洋法论文三十年精选集（1977～2007）》（第一卷），厦门大学出版社2010年版，第441页。

〔2〕 United Nations Document：A/CONF. 62/C. 2/L. 19，1974，p. 198.

〔3〕 United Nations Document：A/CONF. 62/C. 2/L. 11，1974，pp. 189～190.

第39（1）（c）条规定之过境的船舶和飞机“不从事……通常方式所附带发生的活动以外的任何活动”，实际上等于否认了军舰军机的类似演习、巡航、盘旋等与过境无关行为，体现了对他国主权、领土完整与政治独立的尊重，并无不妥。

（三）关于潜水艇

《海洋法公约》第3部分未有“潜水艇（submarine）”之措辞，为潜水艇是否属于过境通行的适用对象留下了可供解释与探讨的空间。

潜水艇在海洋法上依然属于军舰。[1] 本书在此讨论的主要是它在过境通行时是否需要浮出水面、展示旗帜。对此有学者从《领海及毗连区公约》第14（6）条对“潜水船艇须在海面上航行并揭示其国旗”以及《海洋法公约》第20条对领海内“潜水艇……须在海面上航行并展示其旗帜”的规定出发，认为潜水艇在过境通过时以及在群岛海道通过时亦应如此。[2] 然而，无害通过与过境通行两类制度对潜水艇态度的不同并非《海洋法公约》第3部分的疏忽。相反，潜水艇的潜行权是过境通行制度不可或缺的组成部分。

第一，从立法史上来看，1974～1975年，西班牙和希腊等国曾向ISNT提议，潜水艇通过国际海峡时应浮出水面并展示旗帜，但遭遇了广泛反对，后来的ISNT并未将此列入其中。[3] 这说明第三次海洋法会议拒绝为潜水艇的过境增设义务。

第二，从框架上来看，《海洋法公约》第20条“潜水艇和其

---

〔1〕 Mary George, *Legal Regime of the Straits of Malacca and Singapore*, Singapore: LexisNexis, 2008, p. 97.

〔2〕 G. Fitzmaurice, “Some Results of the Geneva Conference on the Law of the Sea: Part Ⅰ - The Terretorial Sea and Contiguous Zone and Related Topics”, *International and Comparative Law Quarterly*, 1959 (8), p. 98; Tullio Treves and Laura Pineschi, *The Law of the Sea: The European Union and its Member States*, Hague: Martinus Nijhoff Publishers, 1997, pp. 927～928.

〔3〕 United Nations Document: A/CONF. 62/WP. 8/PartII, 1975, pp. 157～159.

他潜水器”位于《海洋法公约》第2部分“领海和毗连区”之第3节“领海的无害通过”之第A分节“适用于所有船舶的规则”之中，《海洋法公约》认为潜水艇属于船舶的类型之一，因此，包括潜水艇在内的船舶享有过境通行权。

第三，从文义上来看，《海洋法公约》第39（1）（c）条规定船舶和飞机一般应以“通常方式”通行，而潜水艇的通常航行方式是潜行即水下航行〔1〕，则潜行不仅是潜水艇的权利，更是其过境时的国际法义务，除非情况不允许或发生了不可抗力或遇难。如Jia曾就此指出，马六甲海峡有很多区域属拖浅滩（One－Fathom Bank），潜艇无法潜行。〔2〕

第四，从内涵上看，根据第38（2）条的规定，过境通行是为“过境的目的而行使航行和飞越自由”，其本身应包括潜水艇的潜行自由这一内涵，即便制度本身尚不明确，但不明确之处亦应参照适用第87（1）条公海的航行、飞越自由制度，而非参照适用第20条领海的无害通过制度。公海中，潜水艇当然有权以通常即潜行方式享有航行自由权。根据第45条的规定，两类海峡适用无害通过制，那么在这两类海峡中，潜水艇的通过方式应为浮出水面并展示旗帜。

第五，从国际实践上来看，目前在用于国际航行的海峡中，潜水艇是有权以潜行方式通过的，潜水艇的潜行权是《海洋法公约》与《领海及毗连区公约》在用于国际航行的海峡的通行制度上的两大区别之一。〔3〕几乎所有的海上强国，均反对沿岸国加强对包括潜水艇在内的外国船舶航行权的管制。

---

〔1〕 Louis B. Sohn, Kristen Gustafson Juras, John E. Noyes and Erik Franckx, *Law of the Sea in a nutshell*, Eagan: West Publishing Company, 2010, p. 230.

〔2〕 Bing Bing Jia, *The Regime of Straits in International Law*, Oxford: Clarendon Press, 1998, pp. 151～152.

〔3〕 另外一个不同则是飞机的飞越自由。Mary George, *Legal Regime of the Straits of Malacca and Singapore*, Singapore: LexisNexis, 2008, p. 99.

此外，就现有文献而言，很多国内外知名国际法学者对潜水艇的过境通行亦持此种观点。[1]

综上，《海洋法公约》第38（1）条规定的“所有船舶和飞机”，是包括军舰军机在内的任何船舶和飞机[2]，潜水艇一般应以潜行方式过境。

（四）关于载有危险物的船舶

根据《海洋法公约》第2部分第3节第A分节中第23条的规定，外国核动力船舶和载运核物质或其他本质上危险或有毒物质的船舶，在行使无害通过领海的权利时，应持有国际协定为这种船舶所规定的证书并遵守国际协定所规定的特别预防措施。但此类要求在《海洋法公约》第3部分却未见规定。也就是说，领海中的此类规定，在用于国家航行的领峡上是否适用存在模糊性（ambiguous）。[3] 但这并不能当然地认为在过境通行时，此类船舶就不必负有专门义务，因为此类义务也可能规定于海峡使用国和沿岸国均批准的其他双边或多边协议中，如1974年《国际海上人命安全公约》附件涉及危险货物（包括运输放射性物质）的规定，截至2016年3月，它已有162个缔约国，适用于全球超过

---

〔1〕 国内学者相关著述：魏敏主编：《海洋法》，法律出版社1987年版，第110页；邹立刚、王崇敏：“适用于南海的航行和飞越制度研究”，载《当代法学》2013年第6期，第141页；史春林、李秀英：“朝鲜海峡安全问题与中国的战略对策”，载《东疆学刊》2014年第4期，第57页；等等。国外学者相关著述：Jeanine B. Womble, “Freedom of Navigation, Environmental Protaction, and Compulsory Pilotage in Straits Used for International Navigation”, *Naval Law Review*, 2012（61）, p. 136; William L. Schachte and Jr., “International Straits and Navigation Freedoms”, *Virginia Journal of International Law*, 1993（Spring）, p. 533; etc.

〔2〕 David Anderson, *Modern Law of the Sea: Selected Essays*, Leiden · Boston: Martinus Nijhoff Publishers, 2008, p. 139; Donald R. Rothwell, *Law of the Sea*, Cheltenham · MA: Edward Elgar Pub, 2013, p. 390.

〔3〕 Mary George and Stefano G. A. Draisma, “A Note on and a Proposal with Respect to the Transportation of Nuclear Cargoes in International Straits”, *Ocean Development and Internationsal Law*, 2012（43）, p. 160.

99%的商船;[1] 1989年美国和苏联《关于无害通过的国际法规则统一解释》也对此有所涉及。

中国虽未就过境通行制度立法，但1992年《领海及毗连区法》第8条第2款是关于载有危险物的船舶的无害通过的规定，即“外国核动力船舶和载运核物质、有毒物质或者其它危险物质的船舶通过中华人民共和国领海，必须持有有关证书，并采取特别预防措施”。该规定契合了《海洋法公约》第2部分第3节第A分节中第23条的规定。

第二节　过境通行制度的适用范围

根据《海洋法公约》第3部分的规定，过境通行制度适用于用于国际航行的领峡及符合条件的非领峡的特殊内水和领海区域。

一、适用的海峡类型

《海洋法公约》第37条规定，过境通行适用于“在公海或专属经济区的一个部分和公海或专属经济区的另一部分之间的用于国际航行的海峡”。并非用于国际航行的海峡，则不可能适用过境通行制度。就其内涵而言，构成用于国际航行的海峡，应有两个界定标准：一是地理标准，二是功能标准。

（一）地理标准

1. 应为自然可航

由于第三次海洋法会议期间达成的系列协议（包括《海洋法公约》）中并未对“海峡”这一概念作出界定，因而海洋法学界对其是否应为自然可航存在着一定的争议。但基于如下理由可

[1] See the Wikipedia of "SOLAS Convention", https://en.wikipedia.org/wiki/SOLAS_Convention#References, last visited on February 20, 2017.

知，其应为自然可航：

（1）从立法史上来看，在第一次海洋法会议中，智利对国际法委员会草案第17（4）条提出了在“海峡”的基础上增加“和运河”的修订建议[1]，该国代表认为，国际公约应考虑人工运河属于海洋通道的属性，认为那些人工运河应被视为与海峡具有相同的法律地位；随后，丹麦代表主张，用词汇“海道”（sealanes）取代“海峡”，意义同样在于包括但不限于海峡。[2]然而两国建议均未得到会议接受，亦未被列入1958《日内瓦海洋法公约》的条款之中。这就说明了海峡与运河被认为是一组内涵相反的概念，作为人工开凿的运河，本来是不存在的，不具自然可航性，如巴拿马运河、苏伊士运河、基尔运河等，而海峡则应是自然可航的。

（2）从国际法院判决来看，1947年渔业案（FISHERIES）对国际海峡的地理标准问题进行了阐释。它指出，Indreleia是一个被挪威提供人工助航方法（means of artificial aids）后方才形成的航道（navigational route），因而不属于海峡。[3]那么由此可推导出的结论是，国际法院似乎认为，人工助航方法的有无，会成为用于国际航行的海峡的界定标准之一。明确而言，即存在助航设备的航道，就不能成为国际海峡。但很多学者对此表示了怀疑。如Jia认为，根据调查，Indreleia水道在没有助航设备的情况下，也并非完全不可能航行，该等助航设备主要是为19世纪后半期开始出现的大吨位船舶的需要而设置的。[4]况且，世界上很多重要海峡如马六甲海峡、土耳其海峡的沿岸国，均会提供助航设备

[1] United Nations Document：A/CONF. 13/C. 1/L. 56，1958，p. 226.

[2] United Nations Document：A/CONF. 13/C. 1/SR. 31 –35，1958，p. 93.

[3] See International Court of Justice：*FISHERIES*（*United Kingdom v. Norway*），1949.

[4] Bing Bing Jia，*The Regime of Straits in International Law*，Oxford：Clarendon Press，1998，p. 52.

以便利航行，但有谁能否认上述两海峡的国际通航地位？考虑到1982年《海洋法公约》第43（a）条的规定，助航设备不仅没有被禁止，而且已成为了合作内容之一。因此，存在助航设备与否，不应成为一水道是否属于用于国际航行的海峡的地理标准之一。是否自然可航，才是其重要标准。若海峡本身是自然可航，且符合其他要素，则不管其是否存在助航设备或其他改进办法，皆属于用于国际航行的海峡。

（3）从相关国际条约的规定来看，《海洋法公约》在第3部分的标题是“用于国际航行的海峡（Straits Used for International Navigation）”而非“水道（watercourse）”，这就意味着其地理范围存在着限定性。“水道”的定义在国际法上已经明确，如1997年《国际水道非航行使用法公约》第2（a）条规定，水道（watercourse）是指“地面水和地下水的系统，由于它们之间的自然关系，构成一个整体单元”。即很难在国际法上找出一理由，认为水道不包括运河。这同时也说明了，《海洋法公约》第3部分将人工建造的“运河”的概念排除在外。

（4）还有很多国际法学者亦持此类观点，如Brüel在总结Krümmel、Hassert等学者对海峡的定义后指出：“海峡之所以成为海峡的首要条件，即它是海洋的一部分，因而那些人工创设的通道，如运河，不管是苏伊士运河、巴拿马运河还是基尔运河，均超出了海峡的概念范围。”[1] Koh指出，海峡必须具备的标准之一即为“自然水道”。[2] Martín指出：“它必须是海洋的一部分，而非人工建造（a part of the sea not created artificially）的。”[3] 再

---

[1] Erik Brüel, *International Straits: A Treatise on International Law VOL.* Ⅰ, London: Sweet & Maxwell, 1947, p. 18.

[2] Kheng－Lian Koh, *Straits in International Navigation: Contemporary Issues*, New York: Oceana Publications, 1982, p. 13.

[3] Ana G. López Martín, *International Straits: Concept, Classification and Rules of Passage*, Berlin: Springer, 2010, p. 45.

如 Caminos 指出，海峡作为通道的自然属性，“是不言自明的(obvious)”[1]。

因而，海峡的自然可航属性是一个约定俗成的概念，海峡过境通行权的行使不应适用到运河等其他水道中去。此外，《海洋法公约》第43（a）条的规定，对1951年国际法院渔业案的判决精神进行了更正，指出海峡使用国和沿岸国针对“在海峡内建立并维持必要的助航和安全设备或帮助国际航行的其他改进办法”进行合作。即，在海峡内建立助航设备，属于海峡使用国和沿岸国的合作倡议，因此，天然可航的海峡的法律地位，并不因其助航设备的人工性而受到影响。

2. 应位于公海或专属经济区的一个部分和公海或专属经济区的另一部分之间

（1）词源学上的解释。“strait”（海峡）来自于源自拉丁语“sternere”的“strata”，意即铺设或建造一条道路；以及来自于源自拉丁语“stringere”的“strictus”，意味着收缩或紧缩。[2]科孚海峡案前，国际社会一般认为，地理上海峡就是位于两片海域之间的狭窄通道。[3]

（2）国际法院的限定解释。1949年国际法院在科孚海峡案（实质问题）的判决书中强调，真正的决定要件是“该海峡连接公海两个部分的地理状态……”

（3）1982年《海洋法公约》的界定。该公约第37条将适用过境通行的海峡的地理要素界定为“在公海或专属经济区的一个部分和公海或专属经济区的另一部分之间”。而《领海及毗连区

---

〔1〕 Hugo Caminos and Vincent P. Cogliati - antz, *The Legal Regime of Straits: Contemporary Challenges and Solutions*, Cambridge: Cambridge University Press, 2014, p. 111.

〔2〕 Erik Brüel, *International Straits: A Treatise on International Law VOL.* Ⅰ, London: Sweet & Maxwell, 1947, pp. 15 ~ 16.

〔3〕 李人达：“论北极航道途经有关海峡的航行飞越制度”，载《新东方》2016年第6期，第18页。

公约》第16（4）条规定之“在公海之一部分与……外国领海之间”的海峡，则略加修订后成为《海洋法公约》第45（1）（b）条规定的内容，此处的略加修订指的是增加了“专属经济区”的措辞，即《海洋法公约》第45（1）（b）条的规定是“在公海或专属经济区的一个部分和外国领海之间的海峡”。此类海峡与《海洋法公约》第45（1）（a）条规定的大陆/岛屿型海峡，仍适用不应予以停止的无害通过制。

（二）功能标准

科孚海峡案中国际法院总结：科孚海峡属于用于国际航行的海峡的决定性因素是其位于“两部分公海之间”和“用于国际航行的事实”，后者即功能标准。

学者Brüel将此归纳为通航船舶数量、这些船舶的总吨位、船舶所载货物的价值总额、船舶的平均装载量，以及更重要的是，船旗国的数量多寡。[1] 但是这一标准在科孚海峡案中并未得到佐证。

科孚海峡案中，国际法院对此作出了明确阐释：“有人或许要问到，（用于国际航行的海峡的）标准到底是通过船舶之多寡还是用于国际航行之重要性。本院则认为，真正的决定要件是该海峡连接公海两个部分的地理状态，以及用于国际航行的事实。海峡是否为连接公海两部分的必要航道（a necessary route）或是连接爱琴海与亚得里亚海之间的借用通道（an alternative passage），均无关宏旨。”

关于航行事实，英国指出科孚海峡仅在1936年4月1日至1937年12月31日这段时间，就有2884艘各式舰船通过。[2] 若对此进行量化，只要每天平均拥有4.5艘次的舰船通过，或者每

〔1〕 Erik Brüel, *International Straits: A Treatise on International Law VOL.* Ⅰ, London: Sweet & Maxwell, 1947, pp. 42～43.

〔2〕 See International Court of Justice: *THE CORFU CHANNEL CASE* (*United Kingdom of Great Britain and Northern Ireland v. Albania*), 1947.

月平均拥有135艘次的舰船通过，或者每年平均拥有1642.5艘次的舰船通过，就已超出了用于国际航行的海峡的功能标准。

如前所述，自科孚海峡案以降，国际法中对用于国际航行的海峡的界定标准，侧重于地理标准，基本上，只要一海峡符合了地理标准且存在用于国际航行之事实（哪怕很少），那么它就应属于用于国际航行的海峡。

在功能标准中存在的一个争议是，这里的“功能”包不包括未来用于国际航行（will be used for international navigation）？这一问题在海洋法上备受重视，国内外很多学者就此展开了阐述。法理上对《海洋法公约》第37条的“用于国际航行（used for international navigation）”存在两种解释：限制解释和扩张解释。前者仅指《海洋法公约》生效当时正用于国际航行（being used）的那些海峡；后者则认为也应包括未来用于国际航行的那些海峡。

在限制解释下，北极航道的不少途经海峡由于冰封而不具备国际航行的事实，将不能成为用于国际航行的海峡，不能适用过境通行制度，除非《海洋法公约》相关条文得以修订或有权的国际司法机关作出新的裁判；但在扩张解释下，理解刚好相反。上述两种解释均有各自拥趸。

关于限制解释：

（1）1955年，国际法委员会特别报告人曾指出，海峡草案适用于实际上用于国际航行的海峡，而非适用于可能被用于而当下并未用于国际航行的海峡。[1]

（2）有学者指出，1982年《海洋法公约》法语和西班牙语文本，清楚表达了第37条的海峡应属于被“正在”用于国际航

〔1〕“The Draft appilied to straits which were actually used for international navigation. It did not apply to straits which might be used for that purpose but which were not, in fact, being so used.” See *Yearbook of the International Law Commission*, 1955, vol. Ⅰ, p. 259.

行的意思。[1]

（3）另有学者指出，《海洋法公约》英文文本第 37 条中的“which are”意味着海峡应是“当时（temporal）”用于国际航行的海峡。[2]

（4）国际社会中，俄罗斯和加拿大基本持此类观点。因而据此可得出的理解是，仅在《海洋法公约》生效之时的那些用于国际航行的海峡，才适用公约第 3 部分第 2 节之过境通行的规定；并未正在用于国际航行的海峡，将不适用过境通行，其有关海域将分别适用公约有关部分的航行制度，如领海适用无害通过制度，专属经济区和公海适用航行飞越自由。

关于扩张解释：

（1）从历史解释角度而言，1956 年，国际法委员会草案第 17（4）条规定：“在公海之一部分与公海另一部分之间，正常（normally）用于国际航行之海峡，不得停止外国船舶之无害通过。”[3] 但在第一次海洋法会议中，荷兰、葡萄牙和英国等国强烈反对该条中的“正常（normally）”一词[4]，后来的《领海及毗连区公约》之第 16（4）条将该词予以删除。《海洋法公约》第 37 条也没有该措辞。未纳入该措辞，意味着扩张了“用于国际航行”的范围。

（2）从文义解释角度而言，“用于国际航行（used for international navigation）”可包括“过去被用于（was used）”“现已用于（has been used）”“被用于（is used）”或“未来用于（will be

---

〔1〕“Servant à la navigation internationale” in French and “estrechos utilizados” in Spanish, Hugo Caminos and Vincent P. Cogliati – antz, *The Legal Regime of Straits: Contemporary Challenges and Solutions*, Cambridge: Cambridge University Press, 2014, p. 129.

〔2〕S. N. Nandan and Shabtai Rosenne, *United Nations Convention on the Law of the Sea 1982: A Commentary*, Dordrecht: Nijhoff, 1993, p. 290.

〔3〕*Yearbook of the International Law Commission*, 1956, vol. Ⅱ, p. 273.

〔4〕United Nations Document: A/CONF. 13/C. 1/L. 71, 1958, p. 231.

used)” 等多层含义。[1]

(3) 从公约文本角度而言，虽然有学者提出，《海洋法公约》法语文本和西班牙语文本中体现了“正在”的含义，但在中、英文文本中，《领海及毗连区公约》第16 (4) 条与《海洋法公约》第37条，均未体现对时态的要求。《海洋法公约》英文文本第37条中的“which are” 只是产生“叙述性的 (descriptive)” 而非“当时性的 (temporal)” 效果。中、英文文本的效力虽说与其他作准文本的效力是一致的，但中文文本的读者数量更多，英文文本的受众范围更广。

(4) 美国的立场。美国参议院2007年12月19日的报告认为：“‘用于国际航行’ 一词包括所有有能力成为被用于国际航行的海峡。” (the term “used for international navigation” includes all straits capable of being used for international navigation)[2]

(5) 中国的立场。当前中国官方尚未就此问题作出声明，但李志文、郭红岩等知名学者持此类观点，如李志文指出：“北极航道实质构成要件会逐步强化，并在根本上决定北极航道国际海峡的法律地位。”[3] 郭红岩指出：“在考察西北航道海峡作为国际海峡的功能标准时，‘未来用于国际航行’ 的因素必须考虑进去，而且必须作为关键要素予以考虑。”[4] 即认为“用于国际航行” 包括但不限于“未来用于国际航行”。

因此，当前国际社会对“用于国际航行” 的理解存在争议。上述观点的不同，也就意味着对此问题的理解目前尚未达成国际

---

〔1〕 R. Douglas Brubaker, *The Russian Arctic Straits*, Leiden: Martinus Nijhoff Publishers, 2005, p. 119.

〔2〕 US Senate, Exec. Report 110 – 09, UNCLOS, Committee on Foreign Relations, Resolution of Advice and Consent to Ratification, Treaty Doc. 103 – 29, 2007, p. 20.

〔3〕 李志文、高俊涛：“北极通航的航行法律问题探析”，载《法学杂志》2010年第11期，第63页。

〔4〕 郭红岩：“论西北航道的通行制度”，载《中国政法大学学报》2015年第6期，第86页。

共识。实践中，一海峡适用无害通过、过境通行，还是适用航行飞越自由，有待海峡沿岸国的政府立场，而不管该立场是明示的还是默示的。但是在此应予指出的是，绝不能认为中国“雪龙”号极地考察船于2012年穿越北方海航线的首航属于对俄罗斯相关立法的遵守。“雪龙”船登记船东为国家海洋局下属事业单位中国极地研究中心，它在国家机构授权下开展的科考活动，其性质应归为国家行为。“雪龙”号在穿越北方海航线中发生的付费行为应认定为对购买服务的给付[1]，性质上属于对合同义务的遵守，而非对沿岸国法律的遵守或执行，即“雪龙”船的行为不应产生中国对沿岸国依法管控行为的默认。

（三）新加坡条款规定的特殊情形

《海洋法公约》第38（2）条的但书内容规定了“但是，对继续不停和迅速过境的要求，并不排除在一个海峡沿岸国入境条件的限制下，为驶入、驶离该国或自该国返回的目的而通过海峡”。它是过境通行制度适用于用于国际航行的海峡时的特殊情形。

该规定是在第三次海洋法会议上，由英国草案第1（2）条最先提出的[2]，后经修订后成了《海洋法公约》第38（2）条的但书部分。它的内涵是：全球范围内的海峡，特别是那些距离较长的海峡，其沿岸国可能会有多个。假定一个海峡的西侧有两个国家A和B，东侧有一个国家C。那么，船舶和飞机有权适用过境通行南北通过整个海峡，也有权适用过境通行从A、C直接往返B国港口或机场。

---

〔1〕白佳玉：“北极航行：需多维度分析法律对策”，载《中国海洋报》2016年11月16日，第2版。

〔2〕“Transit passage is the exercise in accordance with the provisions of this chapter of the freedom of navigation and overflight solely for the purpose of continuous and expeditious transit of the strait between one part of the high seas and another part of the high seas or a State bordering the strait.” United Nations Document：A/CONF. 62/C. 2/L. 3，1974，p. 185.

由于该规定的假定对象为马六甲海峡，上述假定情形中之B国即新加坡，因而其又被称为“新加坡条款（Singapore clause）”。该条款后来被成功纳为《海洋法公约》第38（2）条中的但书内容。它是过境通行的特殊情形。此类情形如图1所示。

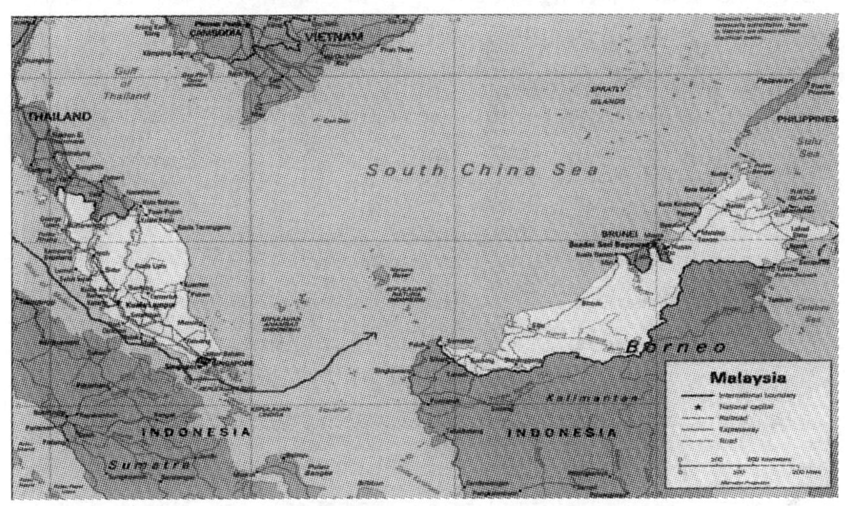

图1　“新加坡条款”所涉情况示意图[1]

该条款的意义在于，从法理上而言，如果不存在该条款，船舶和飞机若想适用过境通行权抵达B国港口，需先要从海峡的公海或专属经济区的一端航至公海或专属经济区的另一端，才算满足过境的条件，然后才能折返进入B国港口。即，外国船舶飞机

〔1〕　图片来自于网站：https：//www.google.com/search? biw = 1093&bih = 538&tbm = isch&sa = 1&q = singapore + strait + map&oq = singapore + strait + map&gs _ l = img.3...8125.9264.0.9496.7.7.0.0.0.0.0.0..0.0....0...1c.1.64.img..7.0.0. _ s0eMKQtcLc # imgrc = Ic7PvbfaqGvwwM%3A，最后访问日期：2016年12月14日。

要航行飞越过海峡一端到另一端的全部范围，才算满足《海洋法公约》第 38（2）条规定之“过境的目的”的要求。而单纯只为抵达一国港口的航行飞越，就不能满足过境海峡的条件，不得不依赖某些范围较小的权利，如船舶的无害通过或飞机的事前准许。[1] 该条款的规定就明确了过境通行制度适用的特殊情形，即在适用过境通行制度的国际海峡，他国船舶和飞机有权过境通行往返其中一个沿岸国的港口。即前往一个海峡沿岸国的港口，并不损害船舶或飞机过境通行的资格。当然，应处在是其驶入、驶离或自该海峡沿岸国港口或机场返回应在该海峡沿岸国入境的条件限制之下。

（四）科孚海峡案案例评析

1949 年科孚海峡案（The Corfu Channel Case）乃联合国国际法院成立后审理的首个案件，它涉及多个国际法问题，如法院管辖权、国家的国际法责任、军舰的无害通过权以及用于国际航行的海峡的界定标准等，其中它对于用于国际航行的海峡的功能标准方面的阐述，对后世海峡制度的发展发挥了举足轻重的作用。

1. 案件起因

科孚海峡位于阿尔巴尼亚与希腊科孚岛之间，是连接希腊西部沿海与阿尔巴尼亚西南部沿海的海上通道。英国认为其属于用于国际航行的海峡，军舰可自由通过，无需向阿尔巴尼亚申请批准；阿尔巴尼亚则认为其属于地方性海峡，外国军舰通过前必须申请批准。1946 年 5 月 15 日，英国两艘军舰行驶经过科孚海峡北部区域时，遭到了阿尔巴尼亚的炮击，但未发生损伤。英国旋即提出抗议，并再次派遣两艘军舰于同年 10 月 22 日径行驶过该海峡，均触碰到了水雷，造成了 44 人死亡、42 人受伤的重大损

〔1〕［斐济］萨切雅·南丹、［以］沙卜泰·罗森原书主编，吕文正、毛彬中译本主编：《1982 年〈联合国海洋法公约〉评注》（第 2 卷），海洋出版社 2014 年版，第 297 页。

害。同年 11 月 12～13 日，英国派遣扫雷艇径赴该水域扫雷，结果发现了 22 枚德制水雷。英国认为阿尔巴尼亚应对此负责，将事件提交给了联合国安理会。安理会于 1947 年 4 月 9 日通过一项决议，建议双方将争端提交国际法院解决。双方对此表示接受。

2. 英国的诉求

1947 年 5 月 22 日，英国向国际法院起诉，主要诉求有二：

（1）阿尔巴尼亚在事故发生之水域布设水雷，不仅阻碍了国际航行线路，而且对所有国家造成了威胁，明显违反了 1907 年海牙公约之规定，是非法行为。

（2）科孚海峡平时航行船舶的数量虽然不多，但该海峡连接公海两端，且用于国际航行，因而其应属于国际交通要道。

3. 阿尔巴尼亚的主张

阿尔巴尼亚的主张主要有三：

（1）英国船只无权通过该海峡水域，因为该水域属于本国领海范围之一部分。

（2）英国军舰通过前，对本国要求其事先应请求许可的知会，置之不理，通过时，舰上武器朝向本国，凡此种种迹象皆显示了其并非无害通过。

（3）科孚海峡属于地理意义上的海峡，但并不属于重要的、不可或缺的航道，它只是次要的、非必要的通道，仅供当地附近港口来往交通之用，因而不存在无害通过之情形。

4. 法院的判决

法院的判决有三，其中后两个为实质问题。

（1）1948 年 3 月 25 日，法院以 15∶1 的票数，判决驳回阿尔巴尼亚的初步反对主张，认为该政府在 1947 年 7 月 2 日的信中已表示接受了管辖，并决定对案件实质问题继续审理。

（2）1949 年 4 月 4 日，法院以 11∶5 的票数判定阿尔巴尼亚应对 1946 年 10 月 22 日在阿尔巴尼亚领海上发生的触雷事件及由此引发的人员伤亡损失负责；以 14∶2 的票数判定，英国 1946 年

10 月 22 日的通过行为并未破坏阿尔巴尼亚的主权；一致判定英国海军 1946 年 11 月 12～13 日的扫雷行为，破坏了阿尔巴尼亚的主权。

（3）1949 年 12 月 15 日，法院以 12∶2 的票数判决阿尔巴尼亚应支付赔偿款 843 947 英镑。但阿尔巴尼亚没有支付这笔赔偿费。

5. 有关评析

（1）科孚海峡案首创了用于国际航行的海峡的概念，自科孚海峡案以降，在用于国际航行的海峡上不得停止外国船舶（包括军舰）之无害通过，已获得国际社会的普遍承认，也符合国际惯例。〔1〕这一内涵随后写入了 1958 年《领海及毗连区公约》第 16（4）条、1982 年《海洋法公约》第 45（2）条中。而过境通行的不被停止，也作为海峡沿岸国的义务之一，被规定在了《海洋法公约》第 44 条中。

（2）阐释了用于国际航行的海峡的界定标准。国际法院的判决侧重于用于国际航行的海峡的地理要件（geographical creteria），轻视其传统意义上的狭窄性（the test of narrowness）、功能性（the functional creteria）以及必要性（the test of essentiality）等要件。如前所述，如果就此进行量化的话，只要每天平均拥有 4.5 艘次的舰船通过，或者每月平均拥有 135 艘次的舰船通过，或者每年平均拥有 1642.5 艘次的舰船通过，就应符合功能标准。自科孚海峡案以降，用于国际航行的海峡的界定标准应更为容易。这一理解符合中国利益。中国官方曾分别向美国和日本主张塔纳加海峡和吐噶喇海峡属于用于国际航行的领峡，这两个海峡的通航数量可能不如马六甲海峡、直布罗陀海峡多，它们属于用于国际航行的海峡吗？答案是肯定的，因为科孚海峡案给了我们答案。

---

〔1〕杨瑛：“科孚海峡案涉及的无害通过权的法律问题分析”，载《理论月刊》2016 年第 8 期，第 176 页。

二、适用的海峡区域

根据《海洋法公约》第35（a）条、第35（b）条的规定，第3部分包括第2节“过境通行”与第3节不应予以停止的“无害通过”的规定，均不影响海峡内的正常内水、专属经济区或公海部分的法律地位。它影响哪个部分呢？答案很明了，它只影响海峡内的特殊内水和领海区域。意思是说，过境通行制度适用的海峡的区域，应是其特殊内水和领海区域，而绝非正常内水、专属经济区和公海部分。

（一）适用于特殊内水和领海区域

过境通行制度适用于用于国际航行的领峡及符合条件的非领峡的特殊内水和领海区域。这里的“符合条件”是指此类非领峡的中间并不存在在航行和水文特征方面 similar convenience 的专属经济区或公海航道，意即，此类非领峡的中间航道并不适宜通行，船舶和飞机不得不过境通行其特殊内水和领海区域。

（二）不适用于正常内水区域

正常内水将永不适用过境通行制度。《海洋法公约》中共有14个条文规定了内水的法律地位，它们分别是第2（1）条、第7（3）条、第8条、第10（4）条、第18（1）条、第25（2）条、第27（2）条、第27（5）条、第28（3）条、第35条、第50条、第86条、第111（1）条、第211（3）条以及第218条。考察上述条文即可清晰得知，正常内水之法律地位与特殊内水不同，而与同面积的领陆等同。[1] 在此区域，沿海国对水体、海床及其底土享有完全的主权，可以完全使用而不对别国开放。[2] 在

〔1〕“The status of internal waters, equating that area with the land territory”, See the “Joint Separate Opinion of Judge Wolfrum and Judge Cot”, https://www.itlos.org/fileadmin/itlos/documents/cases/case_no.20/C20_Ord_15.12.2012_SepOp_Wolfrum－Cot_E_corr.pdf, last visited on June 14, 2016.

〔2〕陈德恭：《现代国际海洋法》，海洋出版社2009年版，第62页。

各国正常内水海域范围内，他国船舶、飞机无权航行和飞越，除非经过该沿海国的允许，也就是说，正常内水区域的通行制度，适用沿岸国的自主决定权。

从《海洋法公约》第3部分的规定来看，不同宽度的海峡包括内水、领海、专属经济区或公海的一部分或全部。此处的内水应仅指内海。国内学界有种观点认为，内水存在广义与狭义之分，广义上的内水包括狭义的内水，以及河流、湖泊、运河等内陆水域；狭义上的内水则仅指内海，即沿海国领海基线向陆地一面的海域。[1]

对此，我国国内立法规定不一。如1958年《关于领海的声明》[2]、1989年《铺设海底电缆管道管理规定》[3]、1990年

---

〔1〕 高健军：《中国与国际海洋法——纪念〈联合国海洋法公约〉生效十周年》，海洋出版社2004年版，第19页。

〔2〕《关于领海的声明》第2条规定："中国大陆及其沿海岛屿的领海以连接大陆岸上和沿海岸外缘岛屿上各基点之间的各直线为基线，从基线向外延伸12海里的水域是中国的领海。在基线以内的水域，包括渤海湾、琼州海峡在内，都是中国的内海。在基线以内的岛屿，包括东引岛、高登岛、马祖列岛、白犬列岛、乌岖岛、大小金门岛、大担岛、二担岛、东椗岛在内，都是中国的内海岛屿。"

〔3〕《铺设海底电缆管道管理规定》第2条规定："本规定适用于在中华人民共和国内海、领海及大陆架上铺设海底电缆、管道以及为铺设所进行的路由调查、勘测及其他有关活动。"第3条规定："在中华人民共和国内海、领海及大陆架上铺设海底电缆、管道以及为铺设所进行的路由调查、勘测及其他有关活动的主管机关是中华人民共和国国家海洋局（以下简称主管机关）。"第4条第2款规定："外国的公司、企业和其他经济组织或者个人需要在中华人民共和国内海、领海铺设海底电缆、管道以及为铺设所进行的路由调查、勘测等活动，应当依照本规定报经主管机关批准；需要在中华人民共和国大陆架上进行上述活动的，应当事先通知主管机关，但其确定的海底电缆、管道路由，需经主管机关同意。"第10条第2款规定："外国船舶需要进入中国内海、领海进行海底电缆、管道的维修、改造、拆除活动时，除履行本条第一款规定的程序外，还应当依照中国法律的规定，报经中国有关机关批准。"

《海洋倾废管理条例实施办法》（2016 年修正）[1] 以及 1992 年《关于外商参与打捞中国沿海水域沉船沉物管理办法》（2016 年修正）[2] 使用的是内海的概念，并未使用内水之措辞；1987 年《渔业法实施细则》使用的是广义内水之概念[3]；1982 年《海洋法公约》中文文本[4]、2001 年《海域使用管理法》[5] 使用的则是狭义内水的概念。从国际法角度出发，内水应等同于内海。[6]

---

〔1〕《海洋倾废管理条例实施办法》第 2 条第 1 款规定："本办法适用于任何法人、自然人和其他经济实体向中华人民共和国的内海、领海、大陆架和其他一切管辖海域倾倒废弃物和其他物质的活动。"第 41 条第 1 款规定："'内海'系指领海基线内侧的全部海域（包括海湾、海峡、海港、河口湾）；领海基线与海岸之间的海域；被陆地包围或通过狭窄水道连接海洋的海域。"

〔2〕《关于外商参与打捞中国沿海水域沉船沉物管理办法》第 3 条第 2 项规定："沿海水域，是指中华人民共和国内海、领海和属于中华人民共和国管理辖的其他海域。"第 10 条规定："外商参与在中华人民共和国内海或者领海内打捞沉船沉物，应当承担打捞作业期间的全部费用和经济风险。中方打捞人负责与有关部门的协调，办理必要的手续及打捞作业期间的监护。外商参与在中华人民共和国内海、领海外属中华人民共和国管辖的其他海域内打捞沉船沉物，应当承担扫测探摸阶段的全部费用和经济风险。需要打捞的，由中外双方按照合同规定实施打捞。"第 12 条第 12 项规定："在中华人民共和国内海或者领海内捞获的沉船沉物，属中华人民共和国所有，外商根据共同打捞合同或者中外合作打捞企业合同的规定，从捞获物或者其折价中取得收益；中方打捞人根据国家有关规定或者中外合作打捞企业合同的规定从捞获物或者其折价中取得收益。"第 12 第 2 项规定："在中华人民共和国内海、领海外属中华人民共和国管辖的其他海域内捞获的沉船沉物，由参与打捞的中外双方按照合同规定的比例对捞获物或者其折价进行分成。"

〔3〕《渔业法实施细则》第 2 条第 1 项规定："'中华人民共和国的内水'，是指中华人民共和国领海基线向陆一侧的海域和江河、湖泊等内陆水域。"

〔4〕《海洋法公约》第 8（1）条规定"除第四部分另有规定外，领海基线向陆一面的水域构成国家内水的一部分。"

〔5〕《海域使用管理法》第 2 条第 2 款规定："本法所称内水，是指中华人民共和国领海基线向陆地一侧至海岸线的海域。"

〔6〕李杰："海洋法知识漫谈之二——内水制度漫谈"，载《现代军事》1996 年第 3 期，第 55 页；另有学者亦持此种观点，参见刘新山、郑吉辉："群岛水域制度与印度尼西亚的国家实践"，载《中国海商法年刊》2011 年第 1 期，第 102 页。

(三) 不适用于专属经济区和公海海域

《海洋法公约》第55条规定，专属经济区是领海以外并邻接领海的一个区域，受本部分规定的特定法律制度的限制，在这个制度下，沿海国的权利和管辖权以及其他国家的权利和自由均受本公约有关规定的支配。第57条的规定，专属经济区从测算领海宽度的基线量起，不应超过200海里。现代意义上的专属经济区的区域，是从领海外部界限向外延伸至自确定领海的基线量起不超过200海里的海域，它包括毗连区（虽然毗连区内沿海国增加了在海关、财政、移民或卫生等方面的管辖权），但不包括领海。

法理上，一国管辖海域中的专属经济区的范围要比领海的范围大得多，假设大洋中存在一不具主权争议的岛屿，则岛屿方圆12海里半径的海域皆为该岛屿国的领海，面积约为1500平方千米；而方圆188海里半径的海域则为该国的专属经济区，面积约为43万平方千米，相当于四个浙江省或江苏省的土地面积。专属经济区的面积是领海面积的280多倍。

《海洋法公约》第86条规定："本部分的规定适用于不包括在国家的专属经济区内的领海或内水或群岛国的群岛水域内的全部海域。本条规定并不使各国按照第58条规定在专属经济区内所享有的自由受到任何减损。"公海是指除内水、领海、专属经济区以及群岛国的群岛水域等国家管辖海域之外的全部海域。

与大陆架不同，专属经济区是沿海国"唯主张方存在"的权利，否则将适用公海制度。截至2008年5月28日，全球已有126个国家主张了专属经济区。[1] 专属经济区与公海海域实行航行飞越自由，而不管其是否处于海峡之中。在任一用于国际航行的非领峡内，如果沿岸国主张了专属经济区的宽度，则在此专属

---

〔1〕 Louis B. Sohn, Kristen Gustafson Juras, John E. Noyes and Erik Franckx, *Law of the Sea in a nutshell*, Eagan: West Publishing Company, 2010, p. 255.

经济区内适用《海洋法公约》第58（1）条的航行飞越自由；如果沿岸国并未主张专属经济区的宽度，则应适用《海洋法公约》第87（1）（a）条、第87（1）（b）条的公海航行飞越自由。[1]

三、适用的典型海峡

实践中，适用过境通行制度的海峡在全球范围内不胜枚举，且不少地处要害，如前所述，据赖伊的统计，此类知名海峡全球至少有93条。它们广泛分布在太平洋、印度洋和大西洋的咽喉水道，是世界航运的枢纽，对中国而言亦极为重要。下文择其重点而分析之。

（一）太平洋海域部分海峡

1. 马六甲海峡等南海相关海峡

马六甲海峡的特殊内水和领海区域适用过境通行制度。

（1）马六甲海峡属于用于国际航行的海峡。其东西两端分别连接南海与缅甸海的专属经济区部分，存在用于国际航行之事实，其在2015年共有80 980艘次船舶通过[2]，是沟通太平洋与大西洋的重要水道，此外它还是保障美国第七舰队机动性的重要海峡，军事船舶的通行亦不在少数[3]；虽然第三次海洋法会议期间，印度尼西亚和马来西亚两国曾主张过它的非国际性，但时至1977年，两国立场已然软化。马六甲海峡的国际属性，目前已得

---

〔1〕 Donald R. Rothwell, *Law of the Sea*, Cheltenham · MA: Edward Elgar Pub, 2013, p. 384.

〔2〕 该详细数据来自于日本海事中心（NMC）的统计，Malacca Strait transits grow 2% to record in 2015, boxships see dip in H2, http://www.cambiasorissoagency.com/malacca-strait-transits-grow-2-to-record-in-2015-boxships-see-dip-in-h2/, last visited on May 18, 2016.

〔3〕 季国兴："南海航行自由原则的歧义及增进信任措施"，载《上海交通大学学报（哲学社会科学版）》2005年第4期，第9页。

到了国际社会和国际法学者的普遍承认。[1]

（2）马六甲海峡不具备过境通行的例外情形。它不符合《海洋法公约》第35（c）条规定的情形，即不存在长期存在、现行有效的海峡通过专门条约；也不符合《海洋法公约》第36条规定的情形，即其海峡（北）（南）的最小宽度分别为20海里和8海里，不存在中央专属经济区航道或公海航道；不符合《海洋法公约》第45（1）条规定的情形，即它既不属于摩西拿例外海峡（Messina strait Exception），也不属于死巷例外海峡（Dead End Strait Exception）[2]，因而根据《海洋法公约》第37条的规定，它应适用过境通行制度。

1971年印度尼西亚、新加坡和马来西亚《关于马六甲海峡和新加坡海峡问题的联合公报》第5条就承认了“它们用作国际性的航运应依从航行自由的原则”[3]。1977年第三次海洋法会议第六会期时，印度尼西亚、马来西亚与新加坡相继表示了接受过境通行制，并列入了ICNT；海洋强国则以承诺支持马六甲海峡实施分道通航制作为交换，同年11月14日分道通航制获得了国际海

---

〔1〕 Kheng－Lian Koh, *Straits in International Navigation: Contemporary Issues*, New York: Oceana Publications, 1982, pp. 75～77; Mary George, *Legal Regime of the Straits of Malacca and Singapore*, Singapore: LexisNexis, 2008, p. 39.

〔2〕 “摩西拿例外海峡”的名称，见姜皇池：《国际海洋法》（上册），学林文化事业有限公司2004年版，第543页；以及Ana G. López Martín, *International Straits: Concept, Classification and Rules of Passage*, Berlin: Springer, 2010, p. 93. “死巷例外海峡”的名称，见姜皇池：《国际海洋法》（上册），学林文化事业有限公司2004年版，第548页；以及William L. Schachte and Jr., International Straits and Navigation Freedoms, *Virginia Journal of International Law*, 1993（Spring）, p. 531. 学界通常认为“摩西拿例外”的情况为，海峡由沿岸国的一个岛屿和该国大陆形成，而且该岛向海一面有在航行和水文特征方面similar convenience的一条穿过公海或穿过专属经济区的航道；“死巷例外”的情况为，海峡位于公海或专属经济区的一个部分和外国领海之间。

〔3〕 北京大学法律系国际法教研室编：《海洋法资料汇编》，人民出版社1974年版，第168页。

事咨询组织大会决议通过。[1]

目前《海洋法公约》第41条所规定之分道通航制已在马六甲海峡得以实践。分道通航制是目前国际社会较为公认的防止原油污染的最有效措施之一。根据1977年8月18~20日印度尼西亚、马来西亚和新加坡达成之协定，分道通航制的划定区域有"One Fathom Bank 区""Main 海峡、菲律宾航道"以及"Horsburg 灯塔以外之水文区"三个；凡超过20万吨的超级油轮被劝导使用龙目海峡；船舶在过境时应至少保持富余水深3.5米；吃水较深的船舶应将航速减至12节（即12海里/小时，约等于22千米/小时）以下。[2]

除了马六甲海峡之外，南海还拥有不少适用过境通行制度的国际海峡。根据赖伊的统计，它们是如下23个：

（1）位于菲律宾的巴布延海峡（最小宽度15海里）、波利略海峡（最小宽度10海里）、马基达海峡（最小宽度4海里）、费尔得岛海峡（最小宽度4海里）、圣贝纳迪诺海峡（最小宽度8海里）、民都洛海峡（最小宽度20海里）、苏里高海峡（最小宽度10海里）、巴西兰海峡（最小宽度7海里）、锡布海峡（最小宽度18海里）。

（2）位于印度尼西亚的邦加海峡（最小宽度9海里）、格里汗特海峡（最小宽度10海里）、科蒂海峡（最小宽度10海里）、塞拉桑海峡（最小宽度23海里）、阿比海峡（最小宽度16海里）、翁拜海峡（最小宽度16海里）、罗蒂海峡（最小宽度6海里）、萨佩海峡（最小宽度8海里）、阿拉斯海峡（最小宽度5海

〔1〕洪笃荣："国际海峡制度理论与实践之研究——兼论台湾海峡之法律制度"，台湾海洋大学2000年硕士学位论文，第109页；张杰："成本规避与印度尼西亚和马来西亚在打击马六甲海峡武装抢劫犯罪上合作形式的选择（1998~2008）"，复旦大学2010年博士学位论文，第38页。

〔2〕沈丽枝："台湾海峡航行制度之研究"，台湾海洋大学2006年硕士学位论文，第74~75页。

里)、龙目海峡（最小宽度 11 海里)、巴厘海峡（最小宽度 2 海里)、巽他海峡（最小宽度 12 海里)、加斯帕尔海峡（最小宽度 8 海里)。

（3）位于马来西亚和菲律宾之间的巴拉巴克海峡（最小宽度 27 海里)。

其中龙目海峡、巴厘海峡、巽他海峡属于连接南海这一太平洋边缘海与印度洋的海峡，也可将其划归为印度洋海域的海峡，但为了凸显南海海域的整体性，本书在此权且将其归于太平洋海域的海峡之中。

这些海峡在海洋地理上均位于公海或专属经济区的一个部分和公海或专属经济区的另一部分之间，符合地理标准；同时，它们又位于南海这一世界航运的交通要道上，存在用于国际航行之事实，符合功能标准，因而它们均属于用于国际航行的海峡。其中，除了最小宽度为 27 海里的巴拉巴克海峡应属于符合条件的非领峡外，其他 22 条皆为用于国际航行的领峡，过境通行制度适用于它们的特殊内水或领海区域，包括中国军舰军机在内的外国所有船舶和飞机均有权在此过境通行。

2. 吐噶喇海峡

吐噶喇海峡（位于九州西南方向的鹿儿岛）实行 12 海里领海制，它的特殊内水和领海区域适用过境通行制度。

（1）它在地理位置上均位于日本海、东海与西太平洋之间，两端均连接专属经济区或公海。

（2）它位于东亚大陆与西太平洋之间的繁忙航道中，功能上均存在用于国际航行之事实。

（3）它不具备过境通行的例外情形：不符合《海洋法公约》第 35（c）条规定的情形，即日本国内的所有国际海峡均不存在长期存在、现行有效的海峡通过专门条约；也不符合《海洋法公约》第 36 条规定的情形，吐噶喇海峡最小宽度为 22 海里，不存在中央专属经济区或公海航道；不符合《海洋法公约》第 45

(1) 条规定的情形，即它们既不属于摩西拿例外海峡，也不属于死巷例外海峡。

3. 塔纳加海峡

塔纳加海峡属于美国境内的用于国际航行的领峡。它位于白令海中，白令海属于太平洋的边缘海。塔纳加海峡的特殊内水和领海区域适用过境通行制度。

(1) 塔纳加海峡南北两端分别连接太平洋与白令海的公海或专属经济区。

(2) 即便国际社会对塔纳加海峡是否存在用于国际航行的事实存在争议，美国亦应认为其符合。美国参议院 2007 年 12 月 19 日报告认为，"'用于国际航行'一词是为包括所有有能力成为被用于国际航行的海峡（the term 'used for international navigation' includes all straits capable of being used for international navigation）。"[1] 随着全球气候变暖，北极航道的通航能力将大为增强，作为北极航道连接太平洋的重要或者说主要通道，塔纳加海峡当然有能力成为用于国际航行的海峡，因而该海峡中的美国特殊内水和领海区域，应适用过境通行制度。这在中美双边语境中不应存在争议。2015 年 9 月初，中国三艘军舰曾过境通行于此，这是对国际法规则的正当适用。

(3) 塔纳加海峡不具备过境通行的例外情形：它不符合《海洋法公约》第 35（c）条规定的情形，即不存在长期存在、现行有效的海峡通过专门条约；也不符合《海洋法公约》第 36 条规定的情形，即其海峡最小宽度为 11 海里[2]，不存在中央专属经济区航道或公海航道；还不符合《海洋法公约》第 45（1）条规定的情形，即它既不属于摩西拿例外海峡，也不属于死巷例外

〔1〕 US Senate, Exec. Report 110 – 09, UNCLOS, Committee on Foreign Relations, Resolution of Advice and Consent to Ratification, Treaty Doc. 103 – 29, 2007, p. 20.

〔2〕 See the Wikipedia of "Tanaga_Pass", https://en.wikipedia.org/wiki/Tanaga_Pass, last visited on December 23, 2016.

海峡。

（二）印度洋海域部分海峡

1. 霍尔木兹海峡

霍尔木兹海峡的特殊内水和领海区域适用过境通行制度。

（1）霍尔木兹海峡东西两端分别连接阿曼湾与波斯湾的专属经济区部分。

（2）存在用于国际航行之事实，该地区包括了世界上五个最大的石油生产国——伊朗、伊拉克、科威特、沙特阿拉伯和阿联酋，约有20%的世界石油从此海峡运出，它是世界上最重要的咽喉要道之一[1]，中国的一半石油进口量依靠此海峡。[2]

（3）霍尔木兹海峡不具备过境通行的例外情形：它不符合《海洋法公约》第35（c）条规定的情形，即不存在长期存在、现行有效的海峡通过专门条约；也不符合《海洋法公约》第36条规定的情形，即其海峡最小宽度为21海里，不存在中央专属经济区航道或公海航道；还不符合《海洋法公约》第45（1）条规定的情形，即它既不属于摩西拿例外海峡，也不属于死巷例外海峡。

2. 曼德海峡

曼德海峡的特殊内水和领海区域适用过境通行制度。

（1）曼德海峡东西两端分别连接亚丁湾与红海的专属经济区部分。

（2）存在用于国际航行之事实。它与苏伊士运河一起作为沟通地中海与印度洋之间的战略通道，它是欧洲国家与亚洲、大洋洲国家之间的最近的海上通道，每天有接近400万桶原油从海湾

[1] See the Wikipedia of "Strait of Hormuz", https://en.wikipedia.org/wiki/Strait_of_Hormuz, last visited on October 10, 2016.

[2] 廖连传："伊朗能封锁霍尔木兹海峡吗?"，http://www.chinanews.com/hb/2012/01-04/3579508.shtml，最后访问日期：2017年2月15日。

产油国经由该海峡运往欧洲、美国和亚洲[1]，该海峡对中国而言亦极为重要，苏伊士—曼德海峡航线是中国船只往返欧亚两洲的主要航线。

（3）曼德海峡不具备过境通行的例外情形：它不符合《海洋法公约》第35（c）条规定的情形，即不存在长期存在、现行有效的海峡通过专门条约；也不符合《海洋法公约》第36条规定的情形，即其海峡最小宽度为14海里，不存在中央专属经济区航道或公海航道；还不符合《海洋法公约》第45（1）条规定的情形，即它既不属于摩西拿例外海峡，也不属于死巷例外海峡。

（三）大西洋海域部分海峡

1. 直布罗陀海峡

直布罗陀海峡的特殊内水和领海区域适用过境通行制度。

（1）该海峡东西两端分别连接地中海与大西洋的专属经济区部分。

（2）存在用于国际航行之事实。据统计，每年经过该海峡的航运量占世界航运总量的25%，而经过的船只有12万多艘[2]。该海峡对中国而言亦极为重要，某些排水量或尺寸超过了苏伊士运河载航能力的中国船舶，将不得不转而航行直布罗陀海峡，绕经好望角、印度洋、马六甲海峡进入南海。此外，该海峡还是中国船舶使用北方海航线去往地中海国家必经的海上通道之一，随着全球气候变暖，北极冰层融化，北极航道将提上议事日程，那么未来中国对该海峡的使用频率将大为增加。

（3）直布罗陀海峡不具备过境通行的例外情形：它不符合《海洋法公约》第35（c）条规定的情形，1713年《乌得勒支和约》第10条虽然规定了将直布罗陀永久割让予英国，但其并未

---

〔1〕 徐超：“也门冲突威胁重要原油航道”，http：//news. xinhuanet. com/world/2015－03/29/c_127632090. htm，最后访问日期：2017年2月15日。

〔2〕 李兵：《国际战略通道问题研究》，当代世界出版社2009年版，第40页。

涉及直布罗陀海峡的通过制度[1]，因而其不存在长期存在、现行有效的海峡通过专门条约；也不符合《海洋法公约》第36条规定的情形，即其海峡最小宽度为8海里，不存在中央专属经济区航道或公海航道；还不符合《海洋法公约》第45（1）条规定的情形，即它既不属于摩西拿例外海峡，也不属于死巷例外海峡。

2. 多佛尔海峡

多佛尔海峡的特殊内水和领海区域适用过境通行制度。

（1）该海峡南北两端分别连接大西洋与北海的专属经济区部分。

（2）存在用于国际航行之事实。据不完全统计，每年经过该海峡的船舶多达12万艘次，航运高峰时，每天有400多艘次[2]，该海峡对中国而言亦极为重要，它是中国船舶进出北欧各国的海上通道。此外，该海峡还是中国船舶使用北方海航线去往地中海国家必经的海上通道之一，随着全球气候变暖，北极航道将提上议事日程，那么未来中国对该海峡的使用频率将大为增加。

（3）多佛尔海峡不具备过境通行的例外情形：它不符合《海洋法公约》第35（c）条规定的情形，即不存在长期存在、现行有效的海峡通过专门条约；也不符合《海洋法公约》第36条规定的情形，即其海峡最小宽度为18海里，不存在中央专属经济区航道或公海航道；还不符合《海洋法公约》第45（1）条规定的情形，即它既不属于摩西拿例外海峡，也不属于死巷例外海峡。

（四）北冰洋海域部分海峡

1. 白令海峡

白令海峡的特殊内水和领海区域适用过境通行制度。

---

〔1〕 See the Wikipedia of "Treaty of Utrecht", https：//en. wikipedia. org/wiki/Treaty_of_Utrecht, last visited on June 15, 2016.

〔2〕 李兵：《国际战略通道问题研究》，当代世界出版社2009年版，第46页。

（1）白令海峡南北两端分别连接白令海与楚科奇海的专属经济区部分。

（2）存在用于国际航行之事实，仅在二战期间，美英盟国就曾通过白令海峡的航段向苏联运输了大量物资。[1] 此外，即便国际社会对其是否存在用于国际航行的事实存在争议，美国亦应认为其符合，这是因为如前所述，美国参议院2007年12月19日的报告认为："'用于国际航行'一词是为包括所有有能力成为被用于国际航行的海峡。"随着全球气候变暖，北极航道的通航能力将增强，作为北极航道中连接太平洋的唯一通道，该海峡当然有能力成为用于国际航行的海峡。

（3）白令海峡不具备过境通行的例外情形：它不符合《海洋法公约》第35（c）条规定的情形，即不存在长期存在、现行有效的海峡通过专门条约；也不符合《海洋法公约》第36条规定的情形，即其海峡最小宽度为19海里，不存在中央专属经济区航道或公海航道；还不符合《海洋法公约》第45（1）条规定的情形，即它既不属于摩西拿例外海峡，也不属于死巷例外海峡。

2. 符合条件的北极航道途经相关海峡

如前所述，北极航道途经相关海峡符合用于国际航行的海峡的界定标准，其中的用于国际航行的领峡的特殊内水或领海区域应适用过境通行制度，如西北航道中的巴罗海峡，在王子利奥波德岛（Prince Leopold Island）和德文郡海岛的赫德角（Cape Hurd on Devon Island）之间的宽度是24海里（45公里）。[2]

此外，北极航道中的相关非领峡，如果中间因冰封而导致不存在在航行和水文特征方面 similar convenience 的专属经济区或公海航道，则其特殊内水和领海区域亦应适用过境通行制度。

---

〔1〕 管清蕾："北方海航道的政治与法律研究"，中国海洋大学2010年硕士学位论文，第16页。

〔2〕 See the Wikipedia of "Barrow Strait", https://en.wikipedia.org/wiki/Barrow_Strait, last visited on February 4, 2017.

第三节　过境通行制度的适用目的

《海洋法公约》第38（2）条第一句规定："过境通行是指按照本部分规定，专为在公海或专属经济区的一个部分和公海或专属经济区的另一部分之间的海峡继续不停和迅速过境的目的而行使航行和飞越自由。"过境通行是适用于部分海峡水域及其上空的航行飞越自由，它的适用目的为"继续不停和迅速过境（continuous and expeditious passage）"。

通俗地讲，海峡在海洋间的位置，好比两座临近城市之间的高速公路，无论汽车来自一座城市的哪个位置，想进入另一座城市，最快速、最便捷、最可行的方式，都只能是高速公路。高速公路上可以停车吗？显然是不可以的，因为它是必经通道，一旦堵塞，将伤害商业流通，危及交通安全。联想至此，海峡中过境通行的目的即不难理解。

适用目的之措辞首次出现于1973年海底委员会会议期间的八国提案中，彼时塞浦路斯、希腊、印度尼西亚、马来西亚、摩洛哥、菲律宾、西班牙和也门等8个国家的《关于领海包括用于国际航行的海峡的通行制度的条款草案》第3（2）条规定："通过应继续不停和迅速（Passage shall be continuous and expeditious）。"〔1〕后来它被英国草案第3章第1（2）条纳入其中："过境通行是指根据本章条款的规定，专为在公海的一个部分和公海的另一部分或海峡沿岸国之间的海峡继续不停和迅速过境的目的而行使航行和飞越自由。"〔2〕再被ISNT第38（2）条纳入其中"过境通行是指按照本部分规定，专为在公海或专属经济区的一个部分和公海或专属经济区的另一部分之间的海峡继续不停和迅

〔1〕 United Nations Document：A/AC. 138/SC. Ⅱ/L. 1Q8，1973，p. 155.

〔2〕 United Nations Document：A/CONF. 62/C. 2/L. 3，1974，p. 185.

速过境的目的而行使航行和飞越自由。”ISNT 该条的规定，后来就成了《海洋法公约》第 38（2）条第一句的规定。[1]

一、继续不停

继续不停意味着从一处到他处的通行不应中断，此处的中断主要指的是停船和抛锚，但这也并非绝对。根据《海洋法公约》第 39（1）（c）条的规定，“除因不可抗力或遇难而有必要外，不从事其继续不停和迅速过境的通常方式所附带发生的活动以外的任何活动”，当满足下列情形时，有权中断通行：

第一，它是通常航行所附带发生的情况。如船舶为进入港口或遵从分道通航制而发生的等待，即包含于此种情况之中。

第二，它是不可抗力或遇难所必要的。如当发生意外、损毁、恶劣天气状况或恶劣安全状况时，中断有时是不可避免的。

第三，它是为救助遇险的人员、船舶或飞机的目的而发生的。虽然《海洋法公约》第 39（1）（c）条并未明确提及“救助”，但因此发生的航行中断当然属合理情形。这不仅存在《海洋法公约》其他条款的依据，如第 18（2）条（“……通过包括停船和下锚在内，但以通常航行所附带发生的或由于不可抗力或遇难所必要的或为救助遇险或遭难的人员、船舶或飞机的目的为限”）、第 98 条（该条标题为“救助的义务”）的规定；而且存在其他相关条约的依据，如 1910 年《统一海难援助和救助某些法律规定公约》第 11 条的规定（“船长在海上发出遭遇生命危险的每一个人，即使是敌人，都必须援助，只要这样做对其船舶、船员和旅客没有严重危险。船舶所有人不因上述规定的违反而承担责任”）、1910 年《统一船舶碰撞某些法律规定的国际公约》第 8 条第 1 款的规定（“碰撞发生后，相碰船舶船长在不致对其船舶、船员和旅客造成严重危险的情况下，必须对另一船舶、船

[1] United Nations Document：A/CONF. 62/WP. 8/PartII，1975，p. 158.

员和旅客施救")、1958年《公海公约》第12条的规定("各国应责成悬挂本国国旗船舶之船长在不甚危害船舶、船员或乘客之范围内:(a)对于在海上发现有淹没危险之人,予以救助;(b)于据告有人遇难亟需救助理当施救时尽速前往援救;(c)于碰撞后,对于他方船舶、船员及乘客予以救助,并于可能时将其船舶名称、船籍港及开往之最近港口告知他方船舶")、1974年《国际海上人命安全公约》第15(1)的规定("每一缔约国政府承担义务,保证作一切必要的安排进行海岸守望及对沿其海岸的海上遇险者进行营救……")和1989年《国际救助公约》第10(1)条的规定("只要不致于对其船舶及船上人员造成严重危险,每个船长都有义务援救在海上有丧生危险的任何人员")等。《海洋法公约》序言规定:"确认本公约未予规定的事项,应继续以一般国际法的规则和原则为准据。"因而船舶符合上述三类情况而发生的中断,亦属对过境通行之继续不停目的的遵守。

二、迅速

迅速是指,船舶和飞机的过境通行,要在实际情况允许的范围内尽快进行。当然这并非意味着船舶和飞机必须全速行驶,这要在综合考虑天气、地理、安全、海峡拥挤程度等所有相关因素后,作出一个不低于一般速度的相对较快的航行即可。[1] 但适用对象的盘旋、徘徊或巡航等明显与过境无关的活动,应属对迅速之方式的违背。[2]

无害通过、过境通行与群岛海道通过的适用目的,分别规定于《海洋法公约》第18(2)条、第38(2)条与第53(3)条中。其中前两者的方式一致,均为"继续不停和迅速(continuous

〔1〕 Robin Rolf Churchill and Alan Vaughan Lowe, *The Law of the Sea*, Huntington: Juris Publishing, 1999, p. 82.

〔2〕 David Anderson, *Modern Law of the Sea: Selected Essays*, Leiden · Boston: Martinus Nijhoff Publishers, 2008, pp. 140～141.

and expeditious)”，而后者的方式却增加了一项“无障碍（unobstructed)”，对后两者差异性的阐述，可见后文分析，此处不再赘述。

第四节　过境通行制度在适用上与其他通行制度的比较

从赋予适用对象的自由程度而言，从航行飞越自由到群岛海道通过制度再到无害通过制度，呈递减趋势。对于过境通行制度与上述三者在适用上的比较，依次总结如下。

一、过境通行制度与航行飞越自由

过境通行是专为“继续不停和迅速过境的目的而行使航行和飞越自由”，是原则上与航行飞越自由相一致的通行制度，二者比较如下。

（一）适用目的

适用目的方面的不同，是二者的主要不同点。

根据《海洋法公约》第38（2）条的规定，过境通行的目的须专为“继续不停和迅速”，适用对象不应从事盘旋、徘徊或巡航等明显与过境无关的活动。

根据《海洋法公约》第87条的规定，公海中的航行飞越不存在目的方面的要求，即公海中的航行飞越可继续不停和迅速，也可断断续续或慢速甚至停止，可以巡航、盘旋和徘徊等。公海中的自由，不仅包括航行飞越，还包括科研、捕鱼等。

过境通行与航行飞越自由存在不同，但国家有关部门的观点并未达成一致。这里指的是，针对2016年6月15日中国一艘军舰通过日本吐噶喇海峡这一用于国际航行的领海海峡一事，中国国防部回应称，这“符合《海洋法公约》规定的航行自由原则”；而外交部的回应是“……中国国防部已就此作出公开回应。……吐噶喇海峡是用于国际航行的海峡，各国舰船享有过境通行权，无需事先通知或批准。……"

日本国家基础研究所（Japan Institute for National Fundamentals）秘书长 Kurosawa 在比较中方两部门的措辞后，撰文指责"中国的这些单方解释存在疑问（these one - sided Chinese explanations are questionable）"。[1] 日经中文网将中方上述两部门关于"航行自由"与"过境通行权"的回应，放在同一页面[2]，易给一般读者造成中方观点不一致的感觉。相关质疑不容小觑。

国防部的回应可作如下理解：根据《海洋法公约》第 38（2）条的规定，过境通行原则上就是航行飞越自由，只不过须专为"继续不停和迅速过境的目的"，如果符合了这一目的，那么法理上，在特定海峡内的过境通行就等同于航行飞越自由。即便按照日本官方观点，中方的军舰是于约一个半小时内通过了海峡的领海部分[3]，这也同样意味着军舰在航行过程中并未违背"继续不停和迅速"的目的，那么中国国防部的发言就没必要再次强调这一目的了，这种省略并无不当。但为了避免造成"观点不一"之错觉，体现国际海洋法相应航行权的独立性，在代指用于国际航行的领峡的通行制度时，最好还是使用"过境通行"之措辞。

（二）适用范围

如前所述，过境通行制度适用于用于国际航行的领峡及符合条件的非领峡的特殊内水和领海区域。而据《海洋法公约》第 58（1）条、第 87（1）（a）条、第 87（1）（b）条的规定，航行飞

---

〔1〕 See Seiji Kurosawa, "Chinese War Ship's Intrusion as Seen from International Law", https：//en. jinf. jp/weekly/archives/4415, last visited on February 15, 2017.

〔2〕 "国防部：中国军舰通过吐噶喇海峡符合航行自由原则", https：//cn. nikkei. com/politicsaeconomy/45/20071 - 20160616. html，最后访问日期：2017 年 2 月 15 日。

〔3〕 日本防卫省 2016 年 6 月 15 日报道称，中国军舰于当日 3∶30 左右驶入日本领海，5∶00 左右驶出日本领海。See "Movement of a Chinese Navy Vessel", http：//www. mod. go. jp/e/pressrele/2016/160615a. html, last visited on November 8, 2016.

越自由适用于专属经济区和公海，尽管二者的航行飞越自由并非完全一致。

（三）管辖权

根据《海洋法公约》第41、42条的规定，海峡沿岸国可制定有关航行、环保、渔业、海关、财政、移民、卫生方面的法律法规，并不得歧视外国船舶或造成妨碍过境通行的实际后果，不应予以停止，在设立海道或分道通航制时海峡沿岸国应合作行动并提请国际海事组织采纳。

而据《海洋法公约》第7部分的规定，公海上，船舶一般只归船旗国管辖，非船旗国或部分非船旗国有权在打击海盗、有条件的制止贩毒和有条件的制止未经许可的广播等三方面对船舶开展管辖。另据《海洋法公约》第56条的规定，在专属经济区，沿海国被赋予了开发养护自然资源等两项主权权利以及保护保全海洋环境等三项管辖权。沿岸国可就人工岛屿、海洋科研和海洋环保等三方面事项对船舶进行管辖。

二者差异如表3所示。

表3 过境通行与航行飞越自由的对比表

	过境通行	航行飞越自由
适用目的	继续不停和迅速	公约并无要求
适用范围	用于国际航行的领峡及符合条件的非领峡	专属经济区和公海海域
管辖权	海峡沿岸国可制定有关航行、环保、渔业、海关、财政、移民、卫生方面的法律法规	在公海，船舶一般只归船旗国管辖；在专属经济区，沿海国被赋予了开发养护资源等两项主权权利以及保护保全海洋环境等三项管辖权

二、过境通行制度与群岛海道通过制度

比照过境通行制度，《海洋法公约》第 4 部分建立了一项新的制度：群岛海道通过制度。根据第 54 条的规定，第 39、40、42、44 条规定的海峡使用国与沿岸国的权利义务条款比照适用（apply mutatis mutandis）于群岛海道通过制度。因而第 38（2）条规定的过境通行与第 53（3）条规定的群岛海道通过高度类似，也可以说这两类制度的相似性在所有海洋通行制度中最大，区别仅体现于三个很小的方面。

（一）适用目的

过境通行的适用目的是“继续不停和迅速过境”。群岛海道通过的适用目的与其并不完全相同。根据第 53（3）条的规定，群岛海道通过的目的是“继续不停、迅速和无障碍”。

《海洋法公约》第 53（3）条相较第 38（2）条，增加了“无障碍（unobstructed）”的措辞。从文义解释角度出发，由于“继续不停和迅速”的义务的承担者是使用国，那么将与之存在并列关系的“无障碍”理解为使用国的船舶和飞机应遵循的义务，似具合理性。然而从“条约目的及宗旨”角度而言[1]，“无障碍”应被理解为《海洋法公约》对群岛国作出的义务性规定，唯此才可对“无障碍”本身的含义作出合理化解释，即：障碍或“无障碍”作为一项法律行为时，行使其的主体天然地属于权力的拥有者，而在群岛水域中，谁是权力主体则不言自明，因而该“无障碍”的措辞本质上是《海洋法公约》对群岛国主权和管辖权的一种限制。

在此理解下，并不能当然得出海峡沿岸国有权对过境通行造成“障碍”的结论，虽然第 38（2）条并未规定“无障碍”，但第 38（1）条、第 42（2）条和第 44 条却一再强调沿岸国不应

---

〔1〕《维也纳条约法公约》第 31（1）条。

“阻碍”“否定”“妨碍”“损害”或“停止”适用对象的过境通行权。“阻碍（impede）”与“障碍（obstruction）”又存在何种区别呢？法律效果上，障碍就是阻碍某些事情的行为。[1] 因此该措辞的增加旨在强调群岛国的义务，并不能当然得出海峡国拥有对过境对象施加障碍之权力的结论。

（二）适用范围

如前所述，过境通行制度适用于用于国际航行的领峡及符合条件的非领峡的特殊内水和领海区域。而据《海洋法公约》第53（1）条、第53（2）条的规定，群岛海道通过适用于群岛国指定的适当的海道和其上的空中航道。

二者一个是天然的范围，一个是指定的范围。

（三）其他部分措辞

1. “自由”与“权利”

ISNT第38（2）条[2]和第124（3）条[3]将过境通行与群岛海道通过的内涵分别界定为“航行和飞越自由（the freedom of navigation and overflight）”和“航行和飞越的权利（the rights of navigation and overflight）”。前者用的是“自由”，后者用的是“权利”。后来的《海洋法公约》与其一致。

自由与权利二者当然不能混同，理论上，“自由”对海峡使用国及其船舶和飞机所赋予的权能范围，比“权利”赋予的应更广泛。但经作者查阅，目前找不到第三次海洋法会议谈判中对于过境通行是“自由”而群岛海道通过是“权利”的相关解释。美国曾建议将ISNT第124条中的“权利”修订为“自由”，但未获

---

〔1〕 Obstruction is the act of impeding or hindering something. Bryan A. Garner, *Black's Law Dictionary*, Eighth Edition, Minnesota: West Group, 2004, p. 3416.

〔2〕 United Nations Document: A/CONF. 62/WP. 8/PartII, 1975, p. 158.

〔3〕 United Nations Document: A/CONF. 62/WP. 8/PartII, 1975, p. 169.

成功。[1] 仅从措辞的不同而言，过境通行的自由程度可能比群岛海道通过要大一些。

2. “通常方式”与“正常方式”

《海洋法公约》第53（3）条规定了“行使正常方式（in the normal mode）”的条件，而第38（2）条中并未将其纳入。但考虑到第39（1）（c）条中有“通常方式（normal modes）”的界定，这就使得过境通行与群岛海道通过在方式上达成了一致。而第39条本身就是被第54条所规定的群岛海道通过所“比照适用”的对象，因而二者此处的区别仅在于中文作准文本措辞的不同。

二者差异如表4所示。

表4　过境通行与群岛海道通过的对比表

<table>
<tr><th colspan="2"></th><th>过境通行</th><th>群岛海道通过</th></tr>
<tr><td colspan="2">适用目的</td><td>继续不停和迅速</td><td>继续不停、迅速和无障碍</td></tr>
<tr><td colspan="2">适用范围</td><td>天然的范围</td><td>指定的范围</td></tr>
<tr><td rowspan="2">其他部分措辞</td><td>“自由”与“权利”</td><td>是一种航行和飞越自由</td><td>是一种航行和飞越的权利</td></tr>
<tr><td>“通常方式”与“正常方式”</td><td>通常方式</td><td>正常方式</td></tr>
</table>

三、过境通行制度与无害通过制度

相比1958年《领海及毗连区公约》，《海洋法公约》第2部分第3节对无害通过的规定内涵丰富了很多。无害通过长期被认为属于沿海国领海主权的一项例外。沿海国对行使无害通过权的船舶的管辖权范围及其责任所体现的平衡性，不应同样适用于过

---

〔1〕 B. H. Oxman, “The Regime of Warships under the United Nations Convention ong the Law of the Sea”, *Virginia Journal of International Law*, 1984（24）, p. 860.

境通行中。过境通行对航行自由的容忍程度要远大于无害通过。[1]

(一) 适用对象

1. 关于飞机

过境通行的适用对象为所有的船舶和飞机，包括军机。不要求飞越前通知或申请批准，国际航空法对一国的适用区域不包括海峡上空。

而无害通过权仅适用于船舶，不适用于飞机。民用飞机飞越制度为 1944 年《芝加哥公约》和《国际航空过境协定》所规范，并受到双边航空运输协定的规范。军机仍然受到特别批准。

2. 关于军舰

军舰在过境通行中，沿岸国无权要求其提前申请批准或通知。

然而国家实践对军舰的无害通过存在争议，争议聚焦于沿海国要求事先通知或批准上。[2] 意即，军舰享有无害通过权是第三次海洋法会议达成的一项规则，这在《海洋法公约》第 2 部分第 3 节的框架上即可见一斑，但对此规则，不同国家的理解不同：一类主张军舰享有无害通过权而无需向沿海国事先通知或申请批准，如美国、英国、法国等海洋大国。1989 年 9 月 23 日美国与苏联联合签署的《关于领海无害通过的国际法规则的联合解释》、英国 1997 年 7 月 25 日加入《海洋法公约》时的声明、法国 1985 年 2 月 6 日《外国船舶通过法国领水的法令》第 1 条的规定，均采此种理解。荷兰、阿根廷、智利存类似声明。另一类主张军舰在无害通过领海前需要通知或申请批准，但这并非意味着否认了

---

〔1〕 罗国强："理解南海共同开发与航行自由问题的新思路——基于国际法视角看南海争端的解决路径"，载《当代亚太》2012 年第 3 期，第 71 页。

〔2〕 Donald R. Rothwell, Law of the Sea, Cheltenham · MA: Edward Elgar Pub, 2013, p. 337.

军舰的无害通过，此类国家全球有40多个[1]，其中20多个国家如中国、巴西、越南等要求事先申请批准，10多个国家如埃及、印度、印度尼西亚、韩国、朝鲜等要求事先通知。即《海洋法公约》既授予军舰享有无害通过的权利，又准予沿海国就此制定规制性立法。[2] 在后一类国家中，他国军舰进入其领海时，就要满足条件。如2001年4月17日，三艘澳大利亚军舰通过台湾海峡时径行驶入了中国的领海范围，被中国军舰要求离去，澳方认为是不需事先通知或申请批准的无害通过，中方认为其军舰驶入前必须申请批准。[3] 中国的规定体现于《领海及毗连区法》第6条："外国军用船舶进入中华人民共和国领海，须经中华人民共和国政府批准。"

3. 关于潜水艇

《海洋法公约》第39（1）（c）条规定船舶和飞机一般应以"通常方式"通行，而潜水艇的通常航行方式是潜行，则潜行为其过境时的义务，除非发生了不可抗力或遇难，否则潜水艇无权浮出水面。而据该公约第20条的规定，无害通过要求潜水艇浮出水面且展示旗帜。

（二）适用范围

如前所述，过境通行制度适用于用于国际航行的领峡及符合条件的非领峡的特殊内水和领海区域。而据《海洋法公约》第8（2）条和第17条的规定，无害通过适用于排除适用过境通行与群岛海道通过的特殊内水和领海区域。由此可见，无害通过的适

〔1〕 张晏瑲：《海洋法案例研习》，清华大学出版社2015年版，第64页。

〔2〕 赵建文："论《联合国海洋法公约》缔约国关于军舰通过领海问题的解释性声明"，载《中国海洋法学评论》2005年第2期，第13页。

〔3〕 陈春："澳大利亚舰艇驶入台湾海峡 中国表示正式抗议"，http://www.people.com.cn/GB/junshi/61/20010429/455852.html，最后访问日期：2017年2月15日。

用范围要大于过境通行。[1]

（三）管辖权

沿海国对过境通行的船舶的管辖权，要远远小于无害通过的船舶。[2]

1. 立法管辖权方面

根据《海洋法公约》第 41、42 条的规定，海峡沿岸国可制定有关航行、环保、渔业、海关、财政、移民、卫生方面的法律法规，并不得歧视外国船舶或造成妨碍过境通行的实际后果，不应予以停止，以及在设立海道或分道通航制时海峡沿岸国应合作行动并应提请国际海事组织采纳。

另据《海洋法公约》第 21、22、25 条的规定，领海国的立法管辖权则较为宽泛，除上述之航行、环保、渔业、海关、财政、移民、卫生方面的立法权外，领海国还有权就保护助航设备、保护电缆管道、养护生物资源、海洋科研等事项进行立法，且必要时领海国可予以暂时停止。此处的“必要”专指《海洋法公约》第 25（3）条的规定的“保护国家安全包括武器演习在内”，以及领海国有权单方面设立海道和分道通航制，仅需要考虑国际海事组织的建议。

根据《海洋法公约》第 3 部分第 3 节中第 45 条的规定，摩西拿例外或死巷例外海峡的特殊内水和领海区域的无害通过，沿岸国不应予以停止，这是《海洋法公约》第 2 部分第 3 节中领海的无害通过与第 3 部分第 3 节中特定国际海峡的无害通过的区别。

2. 执行管辖权方面

《海洋法公约》第 3 部分并未对有害与无害进行区分，第 38、39 条并未作出类似规定。第 38 条界定了过境通行权，其中第 3

〔1〕 张国斌：“无害通过制度研究”，华东政法大学 2015 年博士学位论文，第 68 页。

〔2〕 张晏瑲：《海洋法案例研习》，清华大学出版社 2015 年版，第 82 页。

款指出了任何非行使海峡过境通行权的活动，仍受本公约其他适用的规定的限制。第 39 条规定了过境的船舶和飞机应遵守的一系列义务清单。但是第 3 部分并未指出何类通行行为属于非过境通行，也未指出对非过境行为存在阻止的权利。即，对过境通行义务的不遵守，并不当然导致沿岸国的强制执行行为。[1]

然而根据《海洋法公约》第 19（2）条和第 25（1）条的规定，无害通过权受到 12 项禁止行为的限制，对于那些被认为属于有害于沿海国的和平、良好秩序或安全的行为，沿海国有权采取必要措施以防止其通过。此外《海洋法公约》第 27、28 条对于沿海国在其领海内之刑事、民事管辖权作了原则性规定，虽其实质性内容仍有待理清，其条件与限制范围仍存争议，但一般而言仍存在沿海国管辖之可能。

二者差异如表 5 所示。

表 5　过境通行与无害通过的对比表

	过境通行	无害通过
适用对象	所有船舶和飞机，包括但不限于军舰、军机、潜水艇，且一般应以通常方式通行	仅适用于船舶，全球有 40 多个国家明确要求军舰在通过领海前需要通知或申请批准。潜水艇须浮出水面且展示旗帜
适用范围	用于国际航行的领峡及符合条件的非领峡的特殊内水和领海区域	一般适用于一国的特殊内水和领海区域
管辖权	海峡沿岸国可制定有关航行、环保、渔业、海关、财政、移民、卫生方面的法律法规，但是对过境通行义务的不遵守，并不当然导致沿岸国的强制执行行为	沿海国有权就航行安全及海上交通管理等 8 项事项制定法律法规，且必要时领海国可予暂时停止，但是特定国际海峡的无害通过不应予以停止

〔1〕 B. H. Oxman, "Transit of Straits and Archipelagic Waters by Military Aircraft", *Singapore Journal of International and Comparative Law*, 2000（4）, p. 409.

第五节 本章小结

第三章阐释了过境通行制度在国际海峡的适用。

1. 过境通行制度的适用对象

(1) 根据《海洋法公约》第38 (1) 条的规定，“所有船舶和飞机 (all ships and aircraft)” 享有过境通行的权利。“所有”的措辞就意味着不因船舶和飞机的类型而发生区别。

(2) 关于军舰。“所有船舶” 应包括但不限于军舰，并未给军舰等特定船舶是否排除适用留下可供各国学者或政府解释或讨论的空间。

(3) 关于军机。此处的飞机为所有飞机，并未对民用或国有飞机（含军机）进行区分。

(4) 关于潜水艇。《海洋法公约》第39 (1) (c) 条规定船舶和飞机一般应以“通常方式”通行，而潜水艇的通常航行方式是潜行即水下航行，则潜行不仅是潜水艇的权利，更是其过境时的国际法义务。

(5) 关于载有危险物的船舶。《海洋法公约》第3部分的条文未像第2部分第3节第A分节中第23条的规定那样，对其作出特别规定，但此类义务可见于海峡使用国和沿岸国均批准的其他双边或多边协议中，如对缔约国多达162个之多的1974年《国际海上人命安全公约》，其在过境时仍应遵守。

2. 过境通行制度的适用范围

(1) 过境通行制度适用的海峡类型是《海洋法公约》第37条规定的“在公海或专属经济区的一个部分和公海或专属经济区的另一部分之间的用于国际航行的海峡”。

(2) 适用的海峡区域是用于国际航行的领峡及符合条件的非领峡的特殊内水和领海区域，排除适用《海洋法公约》第36条规定的非领峡，此类海峡的不同海域分别适用各自的通行制度。无论正常内水、专属经济区或公海是否位于海峡之中，它们都永不适用过境通行制度。

（3）过境通行制度适用的海峡在全球范围内广泛存在，如太平洋海域中的马六甲海峡、龙目海峡、巽他海峡、巴厘海峡、吐噶喇海峡、塔纳加海峡等，印度洋海域中的霍尔木兹海峡、曼德海峡等，大西洋海域中的直布罗陀海峡、多佛尔海峡等，北冰洋海域中的白令海峡及其他符合条件的北极航道途经相关海峡等。

3. 过境通行制度的适用目的

（1）继续不停。继续不停意味着从一处到他处的通行不应中断，此处的中断主要指的是停船和抛锚，但这也并非绝对，当满足下列情形时，有权中断通行：它是通常航行所附带发生的情况；它是不可抗力或遇难所必要的；它是为救助遇险的人员、船舶或飞机的目的而发生的。则此时的中断亦属于对过境通行之继续不停目的的遵守。

（2）迅速。迅速是指船舶和飞机的过境通行，要在实际情况允许的范围内尽快进行。这要在综合考虑天气、地理、安全、海峡拥挤程度等所有相关因素后，作出一个不低于一般速度的相对较快的航行即可，但适用对象的盘旋、徘徊或巡航等明显与过境无关的活动，应属对迅速之方式的违背。

4. 过境通行制度在适用上与其他通行制度的比较

（1）它与航行飞越自由在适用目的、适用范围和管辖权方面存在显著差异。航行飞越自由的适用目的在《海洋法公约》中并无具体要求，适用范围为专属经济区和公海海域，管辖权范围相对而言更小一些。

（2）它与群岛海道通过制度在适用目的、适用范围及其他部分措辞的细节方面存在差异。群岛海道通过的目的增加了一个“无障碍”的措辞，适用范围是群岛国指定的适当的海道和其上的空中航道。

（3）它与无害通过制度在适用对象、适用范围和管辖权方面存在较大差异。无害通过制度的适用对象仅为船舶，军舰享有无害通过权并不意味着沿海国无权对其施加限制措施，潜水艇须浮出水面且展示旗帜。无害通过的适用范围为排除适用过境通行与群岛海道通过的特殊内水和领海区域，其适用范围更大一些。无害通过状态下沿海国的管辖权范围相对更大，沿海国有权就航行安全及海上交通管理等8项事项制定法律法规，且必要时领海国可予暂时停止。

第四章　过境通行制度的习惯国际法地位

作为《海洋法公约》第 3 部分第 2 节规定的国际海峡的重要通行制度，过境通行意义重大。但问题在于过境通行是国际社会应普遍遵守的规则吗？它对《海洋法公约》非缔约国有效吗？这就需要阐述过境通行与习惯国际法的关系问题。

第一节　问题之提出

一、研究价值

（一）现实价值

全球化的趋势，使得国际法面临着越来越崭新的、越来越复杂的问题。[1] 过境通行制度是否属于一项习惯国际法规则的问题，就是其中之一。该问题的现实意义重大。《海洋法公约》的生效为所有缔约方提供了法律依据和机制保障[2]，但部分国际海峡的沿岸国并不属于《海洋法公约》的缔约国。从条约法原则来说，非缔约国有权以“条约对第三方无损益（pacta tertiis nec no-

〔1〕 Oystein Jensen, *The Commission on the Limits of the Continental Shelf: Law and Legitimacy*, Leiden · Boston: Brill Nijhoff, 2014, p. 281.

〔2〕 江河：“和平解决东海争端法律研究”，载《法学评论》2006 年第 5 期，第 85 页。

cent nec prosunt)”为依据[1]，主张不遵守过境通行的义务。就此，一些国家认为，过境通行是《海洋法公约》的规则，对非缔约国并不适用。[2] 因而对过境通行制度是否属于习惯国际法规则的论证，是使用国的船舶和飞机能否在公约非缔约国的相关国际海峡中过境通行的关键。若能证成，则将使得使用国的船舶和飞机的过境通行权属于对国际法规则的当然适用，而不必依赖双边互惠条约的授予。不管《海洋法公约》是不是海洋宪章，只要它的某部分反映了习惯法，那么该部分就会对非缔约国具有拘束力。[3]

截至2017年2月10日，《海洋法公约》缔约方已达到168个，其中包括167个国家（它们是164个联合国会员国以及3个观察员国——巴勒斯坦、库克群岛和纽埃）和1个国际组织欧盟。但还有30个国家（29个联合国会员国）《海洋法公约》对其没拘束力，其中：14个国家已签署《海洋法公约》但未批准，它们是阿富汗、不丹、布隆迪、柬埔寨、中非、哥伦比亚、萨尔瓦多、埃塞俄比亚、伊朗、朝鲜、利比亚、列支敦士登、卢旺达和阿联酋；1个国家已签署1994年《关于执行〈联合国海洋法公约〉第十一部分的协定》（以下简称1994年《协定》）但未批准，且未签署《海洋法公约》，即美国；还有15个国家未签署该公约，它们是安道尔、厄立特里亚、以色列、哈萨克斯坦、吉尔吉斯斯坦、秘鲁、圣马力诺、南苏丹、叙利亚、塔吉克斯坦、土耳其、土库曼斯坦、乌兹别克斯坦、梵蒂冈（属联合国非会员

〔1〕 贾兵兵：“第281条：《联合国海洋法公约》中的‘超级’条款?”，载《当代法学》2015年第5期，第5~6页。

〔2〕 Jon M. Van Dyke, “Rights and Responsibilities of Strait States”, in David D. Caron and Nilufer Oral, *Navigating Straits: Challenges for International Law*, Leiden · Boston: Brill Nijhoff, 2014, p. 43.

〔3〕 贾兵兵：“驳美国国务院《海洋疆界》第143期有关南海历史性权利论述的谬误”，载《法学评论》2016年第4期，第79页。

国）和委内瑞拉。[1]

这30个国家中，不仅包括若干重要国际海峡的沿岸国，如霍尔木兹海峡的沿岸国伊朗、阿联酋，曼德海峡的沿岸国厄立特里亚，佛罗里达海峡等诸多国际海峡的沿岸国美国，阿鲁巴—巴拉瓜纳通道（Aruba - Paraguana）、蛇之嘴海峡（Serpent's Mouth）和龙之嘴海峡（Dragon's Mouth）等加勒比海系列海峡的沿岸国委内瑞拉；[2] 而且包括若干沿海国，如东北亚日本海和黄海的沿海国朝鲜，东南亚南海沿海国柬埔寨，中美洲太平洋沿海国萨尔瓦多，南美洲加勒比海沿海国哥伦比亚，南美洲太平洋沿海国秘鲁，北非地中海沿海国利比亚，西亚地中海沿海国叙利亚等。

由于国际法院侧重国际海峡的地理状态，全球范围内用于国际航行的海峡的数量极为庞大，因而绝不能排除在这些沿海国中存在非知名的国际海峡的可能性。而上述海峡、东亚沿海地区、中南美洲附近海域和地中海海域均属于中国船舶和飞机特别是商船开展国际交往所频繁经过的地区，这些地区的属于《海洋法公约》非缔约国的海峡沿岸国是否应遵守过境通行的义务呢?

（二）学术价值

过境通行是否属于国际习惯规则的一部分，同时是国际海洋法学界的一项重大课题。自第三次海洋法会议召开之日起，学者就在论证其是否已成为或将成为习惯法的一部分，在诸多国内外文献中均见考证。如 Caminos 的专著 *The Legal Regime of Straits*：

---

〔1〕 See the Wikipedia of "List of parties to the United Nations Convention on the Law of the Sea", https://en.wikipedia.org/wiki/List_of_parties_to_the_United_Nations_Convention_on_the_Law_of_the_Sea，最后访问日期：2016年9月2日。

〔2〕 蛇之嘴海峡（Serpent's Mouth）和龙之嘴海峡（Dragon's Mouth）是比较公认的世界知名的用于国际航行的领峡。R. H. Kennedy, A Brief Geographical and Hydrographical Study of Straits Which Constitute Routes for International Traffic, United Nations Document: A/Conf. 13/6 and Add. 1, 1958, pp. 116 ~ 117.

Contemporary Challenges and Solutions 第16章专门阐述了“过境通行与习惯法”；Jia的专著 *The Regime of Straits in International Law* 第8章专门阐述了“过境通行权与习惯法”；Martín的专著 *International Straits: Concept, Classification and Rules of Passage* 第6章第4节专门阐述了“过境通行权是否被接受成为一般国际法?”；George的专著 *Legal Regime of the Straits of Malacca and Singapore* 第2章之2.2.11专门阐述了“习惯国际法与过境通行”；姜皇池的专著《国际海洋法》（上册）第9章第6节专门阐述了“国际海峡通行制度与习惯国际法”；张晏瑲的专著《国际海洋法》第6章第4节专门阐述了“1982年《海洋法公约》制度与习惯法”。然而目前尚无明确定论，存在较大争议。因而对该问题展开研究，既具积极的现实价值，又具重要的学术价值。

二、过境通行制度与第三次海洋法会议的关系

与无害通过制度以及航行飞越自由不同，过境通行制度不是《海洋法公约》对习惯法的编纂，如果它是，就意味着它已经是一项习惯国际法规则了，那么上述国内外国际法学者对其与习惯法关系的考证，以及本章对其是否形成习惯法规则的考证，就没有存在的必要性了。依据如下：

（一）第三次海洋法会议前习惯国际法中并不存在过境通行制度

有学者指出，在1982年《海洋法公约》出台前，习惯法中有类似过境通行的通行权，并提出了相关条约以示证明，如1923年《洛桑条约》、1936年《蒙特勒公约》的相关规定。[1] 但彼时相关国际条约赋予在特定海峡的航行权仅为不得停止之无害通过权或更为宽松的自由航行权，前者如1958年《领海及毗连区

〔1〕 R. B. Krueger and S. A. Riesenfeld, *The Developing Order of the Oceans*, Honolulu: Law of the Sea Institute, 1985, pp. 292 ~294.

公约》第 16（4）条规定的“不得停止外国船舶之无害通过”，1979 年《以色列与埃及和平条约》规定的所有国家通过蒂朗海峡与亚喀巴湾时享有“不受阻碍与不得停止的航行与飞越”；后者如 1923 年《洛桑条约》第 23 条承认在土耳其海峡的“自由原则”，1936 年《蒙特勒公约》第 2 条规定“商船在（土耳其）海峡均应享有完全的过境和航行自由”，它们与过境通行存在根本不同，因而在第三次海洋法会议前习惯法中并不存在过境通行制度，那么《海洋法公约》中的过境通行制度也就并非是对习惯法规则的编纂，张晏瑲亦持此类观点[1]，姜皇池亦认为这种观点较为合理。[2]

（二）过境通行制度是《海洋法公约》的创设规则

过境通行的概念最早由第三次海洋法会议期间的 1974 年英国草案提出，后被《海洋法公约》第 3 部分第 2 节所采纳，创设（created）成了一项条约法规则[3]，它是《海洋法公约》的革命性制度（revolutionised）。[4]

既然《海洋法公约》中的过境通行制度并非对习惯法的编纂，那么若要论证过境通行制度是否已属于习惯国际法的一部分，就只能从条约转化为习惯的条件入手，看其是否符合这些条件。那么，接下来需要论证的就是：条约何以转化为习惯？过境

---

〔1〕 张晏瑲：《国际海洋法》，清华大学出版社 2015 年版，第 136～137 页。

〔2〕 姜皇池：《国际海洋法》（上册），学林文化事业有限公司 2004 年版，第 567 页。

〔3〕 Jon M. Van Dyke, *Transit Passage Through International Straits*, The Future of Ocean Regime－Building, 2009, p. 183. 也有学者使用“创建”（made）的措辞，如 Hugo Caminos and Vincent P. Cogliati－antz, *The Legal Regime of Straits: Contemporary Challenges and Solutions*, Cambridge: Cambridge University Press, 2014, p. 473. 还有学者使用“创新”（invention）的措辞，如 Bing Bing Jia, The Regime of Straits in International Law, Oxford: Clarendon Press, 1998, p. 207. 意义均在于，承认过境通行制度是第三次海洋法会议期间的前所未有的新规则。

〔4〕 Mary George, *Legal Regime of the Straits of Malacca and Singapore*, Singapore: LexisNexis, 2008, p. 117.

通行制度是否符合转化的条件？

第二节 条约规则成为一般习惯法的条件

一、条约与习惯的关系

根据1969年《维也纳条约法公约》第2（1）（甲）条的规定，国际条约一般是指“国家间所缔结而以国际法为准之国际书面协定，不论其载于一项单独文书或两项以上相互有关之文书内，亦不论其特定名称如何”。而国际习惯一般是指国际法主体在国际交往的实践中逐渐形成的惯常做法或惯例（又称“通例”），经过一段时期的前后一致的反复实践，被各国接受为法律的行为规则。〔1〕

可以说，条约与习惯是国际法的两大主要渊源，〔2〕二者之间是可以相互转化的：〔3〕

一方面，习惯可以转化为条约。条约对习惯法规则的编纂可使其成为条约法规则，如1958年《日内瓦公约》所规定的规则大部分都属于传统习惯法规则，1982年《海洋法公约》中的部分规则如无害通过制、沿海国领海主权规则和公海自由规则等均属于对习惯法规则的编纂。〔4〕

另一方面，条约也可以转化为习惯。现行国际法中，条约是

---

〔1〕 黄瑶：《论禁止使用武力原则——联合国宪章第二条第四项法理分析》，北京大学出版社2003年版，第51页。

〔2〕［奥］凯尔森：《法与国家的一般理论》，沈宗灵译，商务印书馆2013年版，第507页。

〔3〕 姜世波：“习惯国际法的司法确定”，山东大学2009年博士学位论文，第22页。

〔4〕 吴卡：“条约规则如何成为一般习惯法——以《海洋法公约》为考察重点”，载《北京科技大学学报（社会科学版）》2011年第2期，第72页。

习惯法的重要载体之一。[1] 1966 年《国际法委员会年鉴》第 34 (1) 条曾指出："某些国家之间所缔结的一个多边条约可能规定一个规则或建立一个领土的、河流的或海洋的制度，而这个制度以后由于成为习惯，而会被一些其他的非缔约国一般接受并成为对这些国家有拘束力的制度，例如，有关陆战规则的海牙公约、规定瑞士中立化的一些协定以及关于国际河道和海道的多个条约。"[2] 1969 年《维也纳条约法公约》第 38 条第 2 款就此指出："第 34 条至第 37 条之规定不妨碍条约所载规则成为对第三国有拘束力之公认国际法习惯规则。"其中"不妨碍（nothing…precludes）"意味着条约法规则有可能会成为习惯法规则，而非当然成为、绝对成为，这就需要界定条约规则何以成为习惯法规则的条件，但该公约并未就此作出说明。学界对该条件的概括存在不同观点[3]，从全面性及权威性角度而言，对国际法院特定案例——北海大陆架案的考察有助于说明这一观点，国际法院在该案判决中认可了这种从条约产生习惯国际法的过程。[4]

二、对条约转化为习惯的条件的归纳

（一）北海大陆架案案例评析[5]

1. 案件起因

为解决北海大陆架的划界问题，1964 年，德国与荷兰、丹麦两国分别进行了双边谈判，而后分别于 1964 年 12 月 1 日和 1965 年 6 月 9 日达成了《德荷条约》和《德丹条约》，该两条约确立

---

〔1〕 吴卡："条约规则如何成为一般习惯法——以《海洋法公约》为考察重点"，载《北京科技大学学报（社会科学版）》2011 年第 2 期，第 71 页。

〔2〕 Yearbook of the International Law Commission 1966, Volume Ⅱ, pp. 230 ~ 231.

〔3〕 吴卡："条约规则成为一般习惯法的条件——兼论'利益受到特别影响的国家'之内涵"，载《社会科学家》2008 年第 6 期，第 67 ~ 68 页。

〔4〕 李浩培：《条约法概论》，法律出版社 2003 年版，第 401 页。

〔5〕 See International Court of Justice: North Sea Continental Shelf, (Federal Republic of Germany/Netherlands & Federal Republic of Germany/Denmark), 1967.

了，从海岸到海面25海里至30海里的边界划界原则，主要适用等距离法（equidistance）。但是该部分以外的边界线，三国无法就适用何种原则达成协议。1966年三边谈判也未能破解僵局，于是三方同意将此问题提交给国际法院。

2. 德国的主张

等距离规则并不属于习惯国际法规则，西德的海岸是凹形的，其海岸线向内弯曲很大，适用此方法划分北海大陆架对德国而言极不公平。

3. 荷兰与丹麦的主张

两国认为1958年《大陆架公约》第6（2）条所规定之等距离规则已成为习惯国际法，应对德国有拘束力，德国地理不属可要求采用等距离之外的特殊情形。

4. 法院的判决

1969年2月20日，法院以11票对6票判定：

（1）驳回荷兰和丹麦关于该划界应根据1958年《大陆架公约》第6条所规定之等距离规则实行的论点；

（2）德国没有批准该公约，故不受其第6条的约束；

（3）等距离规则并非大陆架权利一般概念的必然结果，也不是一条习惯国际法规则；

（4）划界应根据公平原则和考虑一切相关情况，通过协议来实现，应使每一方都尽可能多地得到构成其陆地领土自然延伸和大陆架的所有部分。

5. 有关评析

就本节主题而言，该案例意义在于，国际法院就条约规则何以成为一般习惯法的条件作了阐述：该规则须无论如何潜在具有基本创立规则的性质，从而可被认为构成一个一般法律原则的基础；……该条约已得到很广泛的和有代表参加的事实可能被认为已足以发展出习惯法规则，此中的参加国须包括利益受到特别影响的那些国家；就时间因素来说，虽然只经过了一个短时间本身并非必然妨碍在原来纯粹是条约规则的基础上形成一个新习惯国际法规则，然而不可或缺的要求是，在该期间内，那些国家实践包括利益受到特别影响的须按该规则宗旨，既广泛又实质一致，不仅如此，国家实践也须显示出是在一般承认为关涉一个法律规则或法律义务的情况下发生的。

简言之，根据国际法院北海大陆架案的判决，当不同国家以一种广泛的和实质上统一的方式来遵循一项实践，且这项实践被证明为某项国际义务时，国际习惯就会产生。[1]

联系本案，国际法院进而指出：在列举的15个案例中，有关国家已同意或已经按照等距离原则划分边界，但无证据表明，它们这样做的理由是感到了习惯法规则的迫切要求。因而国家实践并不确切、充分，即等距离规则并未形成习惯法。

（二）条约转化为习惯的四个条件

从国际法院上述阐述中可归纳出条约转化为习惯的如下三个条件：①条约规则具有规则创制性（norm creating）；②条约具有普遍性（须包括利益受到特别影响的国家）；③国家实践（须广泛、一致且具备一定时间与义务，须包括利益受到特别影响的国家）。

此外，它还要满足1945年《国际法院规约》第38（1）（丑）条规定的条件："国际习惯，作为通例之证明而经接受为法律者。"即法律确信（opinio juris），需要从有关的行动及宣示中查证。

对此四条件之总结亦可见于其他论文中[2]，概括如表6所示。

---

〔1〕 Simon Marr, *The Precautionary Principle in the Law of the Sea*, Hague: Martinus Nijhoff Publishers, 2003, p. 203.

〔2〕 吴卡："条约规则成为一般习惯法的条件——兼论'利益受到特别影响的国家'之内涵"，载《社会科学家》2008年第6期，第68页。

表6　条约转化为习惯的条件一览表

条约规则的创制性	规则须为条约所创制，而非是对习惯的编纂
条约规则的普遍性	须具有代表性
	须包括利益受到特别影响的国家
国家实践	广泛性
	一致性
	一定的时间性
	义务性
法律确信	行动
	宣示

第三节　对过境通行制度是否满足条约转化为习惯的条件的考察

从过境通行概念之提出来看，第三次海洋法会议之前，过境通行显然不能被称为习惯法规则；然而当前过境通行制度确已属于习惯法的一部分，经考察，它符合上述四项条件。[1]

---

〔1〕 此处需要指出的是，本书并非试图证明《海洋法公约》整体已成为习惯国际法，虽说有学者曾如是主张，如吴卡曾撰文指出《海洋法公约》具备了条约整体成为习惯国际法的各项条件（吴卡："条约规则如何成为一般习惯法——以《海洋法公约》为考察重点"，载《北京科技大学学报（社会科学版）》2011年第2期，第75页）。作为一种学术主张其具备正当性，但1994年《协定》对《海洋法公约》第11部分的内容有所更改，且该协定第4（1）条规定："本协定通过后，任何批准、正式确认或加入公约的文书应亦即表示同意接受本协定的拘束。"而美国只是签署了该协定，所以至少可以认为《海洋法公约》第11部分并不属于国际习惯法。因而下述之"一、条约规则的创制性"和"二、条约规则的普遍性"，虽说主要是从条约的整体角度出发展开研讨的，但这并不能认为是在论证《海洋法公约》已整体成为习惯法。鉴于《海洋法公约》的不可保留性，下文第一、二部分对公约整体性的考察，事实上包含着有关国家对过境通行制度的立场或态度，这一点是毋庸置疑的。

一、《海洋法公约》相关规则的创制性

按内容的不同，条约可分为契约性条约和造法性条约，二者有本质区别。[1] 在前者中，缔约方的目的只有一个，即解决当前存在的具体问题，如两国缔结割让领土的条约，领土让渡一旦完成，契约性条约的目的即已完成，因而不能成为当事国此后行为的准则，不能成为国际法的渊源。然而在后者中，缔约各方有着创立此后相互间必须遵守的行为规则的共同目的，因此，此类条约显然构成国际法的渊源，如关于规定瑞士永久中立化等规则的1815年《维也纳公会最后决议书》、创立有关海战规则的1856年《巴黎海战宣言》、1919年《国际联盟盟约》、1928年《非战公约》、1947年《联合国宪章》等，1982年《海洋法公约》当然也属于这一类。

《海洋法公约》属于造法性条约，并不意味着其中的所有规则均属于创设性规则。其中有的规则是对习惯法规则的确认，如无害通过、航行飞越自由；有的则属于创新（invention），如过境通行、群岛海道通过。只是说整体而言，《海洋法公约》具有为国际社会创设一般国际法规则的功能。

就过境通行制度而言，在被英国草案提出之前，有关它的理论与实践并不存在，但经过国际社会的争论和妥协，它最终被成功列入《海洋法公约》第3部分第2节中，成为一项条约法规则，它的形成本身属于《海洋法公约》的创设性产物。

此外，还有其他相关条约对过境通行制度予以确认，如1978年澳大利亚与巴布亚新几内亚《关于主权和包括托雷斯海峡在内的海洋边界区域的条约》第7（6）条规定，在包括托雷斯海峡在内的有关航道“不适用比用于国际航行的海峡的过境通行制度

---

〔1〕 李浩培：《条约法概论》，法律出版社2003年版，第28页。

更为严格的航行制度”[1]。

再如1985年《南太平洋无核区条约》，其第5（2）条规定：“每个缔约国在行使其主权权利时可以自行决定是否允许外国船舶和飞机在其港口和机场停留，外国飞机在其空域过境，外国船舶在其领海或群岛海域以不属无害通过、群岛航道通过或海峡过境通行权利范围的方式航行。”虽然该规定有褫夺他国过境通行权之嫌，但它事实上不过是以区域条约法的形式再次确认了过境通行在国际法中的存在罢了。这是因为缔约国依据第5（2）条享有的是否允许过境通行的决定权，事实上将被《海洋法公约》第3部分的规定所阻隔。

《南太平洋无核区条约》的13个缔约国，即澳大利亚，库克群岛，斐济，基里巴斯，瑙鲁，新西兰，纽埃，巴布亚新几内亚，所罗门群岛，汤加，图瓦卢，瓦努阿图和西萨摩亚，亦均为《海洋法公约》的缔约国，此外1982年《海洋法公约》还有154个缔约国。根据《维也纳条约法公约》第30（4）条的规定，在后的《南太平洋无核区条约》的13个缔约国之间，按后订条约执行；否则，应按《海洋法公约》执行。即13个缔约国之间有权自行决定是否相互给予过境通行权，但无权剥夺其他国家的所有船舶和飞机依据《海洋法公约》第38条享有的过境通行权。因而其第5（2）条的规定不过是对过境通行权的再次确认。

二、《海洋法公约》相关规则的普遍性

《海洋法公约》于1982年12月10日开放签字，至1993年11月16日，圭亚那成了交存批准书的第60个国家。根据该公约第308（1）条规定的“本公约应自第60份批准书或加入书交存

---

〔1〕 See the Article 7（6）of Treaty between Australia and the Independent State of Papua New Guinea concerning sovereignty and maritime boundaries in the area between the two countries, including the area known as Torres Strait, and related matters.

之日后12个月生效”，它于1994年11月16日正式生效。截至2017年2月10日，《海洋法公约》缔约方已达到168个，其中包括167个国家（它们是164个联合国会员国以及3个观察员国——巴勒斯坦、库克群岛和纽埃）和1个国际组织欧盟。缔约方的数量之多，使其成为当今最具有普遍性和影响力的国际多边协定之一。

（一）代表性的国家

这些缔约国具有普遍的代表性：

（1）数量上，164个批准会员国，占到联合国193个会员国总数的85%。

（2）地理位置上遍布五大洲，如亚洲的中国（1996年6月7日批准）、日本（1996年6月20日批准）、印度（1995年6月29日批准）、新加坡（1994年11月17日批准），欧洲的俄罗斯（1997年3月12日批准）、英国（1997年7月25日批准）、法国（1996年4月11日批准）、德国（1994年10月14日批准），美洲的加拿大（2003年11月7日批准）、墨西哥（1983年3月18日批准）、巴西（1988年12月22日批准）、阿根廷（1995年12月1日批准），非洲的埃及（1983年8月26日批准）、阿尔及利亚（1996年6月11日批准）、南非（1997年12月23日批准）、索马里（1989年7月24日批准），大洋洲的澳大利亚（1994年10月5日批准）、新西兰（1996年7月19日批准）、巴布亚新几内亚（1997年1月14日批准）、所罗门群岛（1997年6月23日批准），等等。

（3）既包括一般意义上的海洋大国如俄罗斯、英国、法国、加拿大、澳大利亚等，也包括一些小国如科特迪瓦（1984年3月26日批准）、突尼斯（1985年4月24日批准）、巴林（1985年5月30日批准）、特里尼达和多巴哥（1986年4月25日批准）等。

（二）利益受到特别影响的国家

这些缔约国包括了那些利益受到过境通行特别影响的国

家，如：

(1) 下述国际海峡的典型沿岸国：新加坡、马来西亚（1996年10月14日批准）、菲律宾（1984年5月8日批准）、日本、英国等。

(2) 下述主要的国际海峡使用国：中国、俄罗斯、英国、法国、德国、日本等。

(3) 海洋地理相对不利国：中国、德国、韩国（1996年1月29日批准）、波兰（1998年11月13日批准）、立陶宛（2003年11月12日批准）等。

(4) 内陆国：亚洲的蒙古（1996年8月13日批准）、老挝（1998年6月5日批准）、尼泊尔（1998年11月2日批准），欧洲的奥地利（1995年7月14日批准）、捷克（1996年6月21日批准）、白俄罗斯（2006年8月30日批准）、亚美尼亚（2002年12月9日批准），美洲的玻利维亚（1995年4月28日批准）、巴拉圭（1986年9月26日批准），非洲的赞比亚（1983年3月7日批准）、马里（1985年7月16日批准），等等。它们的批准，增强了公约在世界范围内的普遍性。

《海洋法公约》属于一揽子协议，缔约方无权提出保留，因而过境通行作为其中的一项制度，具备了普遍性基础。

三、国家实践

一般认为，国家实践与法律确信是形成习惯的主要条件，前者侧重客观性，后者侧重主观性。国家实践是最具争议性的条件。有学者认为，从1974年概念的提出到1982年《海洋法公约》正式文本的公布仅有8年时间，到1994年《海洋法公约》的生效有20年的时间，认为国家实践属间歇发生，既未稳定亦未统一（*neither constant nor uniform*）[1]，有国家或明示或暗示地表现出不情愿（appear reluctant）全部或部分地接受这一制度[2]，全球性实践并未确定（less certain）。[3]

然而，第三次海洋法会议前习惯国际法不存在过境通行的事实，并不能当然得出第三次海洋法会议至今30多年的时间内过境通行仍未形成习惯法的结论，国际法院在北海大陆架案中指出：经过了一个短时间本身并非必然妨碍在原来纯粹是条约规则的基础上形成一个新的习惯国际法规则。一定的时间（some time）并不影响习惯法规则是否成立。[4] 根据上述对国际法院北海大陆架案的总结可知，习惯的形成对国家实践的要求应为：广泛性、一致性、一定的时间性与义务性。

国家实践将体现在外交文书、政策声明、新闻发布、政府法律顾问在正式场合表达的观点、有关法律问题的官方手册、行政决定和实际做法、向武装部队下达的命令、国家对国际法委员会起草的草案所作的评论、国家立法、国际和国内的司法判例、条约和其他国际文件的内容、国际组织实践、联合国大会有关法律问题的决议等之中[5]，其中尤以国际条约、外交文书、国家立

---

〔1〕 Ana G. López Martín, *International Straits: Concept, Classification and Rules of Passage*, Berlin: Springer, 2010, p. 197.

〔2〕 Jon M. Van Dyke, "Rights and Responsibilities of Strait States", in David D. Caron and Nilufer Oral, *Navigating Straits: Challenges for International Law*, Leiden · Boston: Brill Nijhoff, 2014, p. 44.

〔3〕 Jeanine B. Womble, "Freedom of Navigation, Environmental Protaction, and Compulsory Pilotage in Straits Used for International Navigation", *Naval Law Review*, 2012 (61), p. 136.

〔4〕 另有学者郑斌（Bin Cheng）亦曾撰文指出，假如法律确信能够显而易见地构建起来的话，惯性根本不需要具有重复意义的实践，联合国大会的决议由此就可构成速成习惯法。[美] 安东尼·达马托：《国际法中习惯的概念》，姜世波译，山东文艺出版社2013年版，第40页。

〔5〕 I. Brownlie, *Principles of Public International Law*, Oxford: Oxford University Press, 2008, p. 6.

法、国际和国的司法判例以及政策声明等为关键，[1] 下面对此予以查证。

(一) 广泛性

过境通行属《海洋法公约》的一项基本规则，该公约目前已有 164 个批准会员国，文章在此当然不必挨个查找、分析各个缔约国在过境通行方面的国家实践，否则仅此“广泛性”的分析恐怕就要超过几十万字，那是浩大的，也是不理智的。

国际法协会 2000 年伦敦会议报告（International Law Association London Conference 2000）指出，国家实践不只是多少国家实践的问题，还是哪些国家实践的问题。报告进而阐述，国际法院在北海大陆架案中指出，实践必须包括利益受到特别影响的国家。代表性的标准是具有双重面向的，积极面向就是如果所有重大利益关系国都参与在内，则无需大多数国家的实践即可形成习惯国际法；而消极面向就是如果重要的国际法行为者都不接受这种习惯，那么习惯国际法的形成是不成熟的。[2] 再看《海洋法公约》，联合国中有 164 个会员国对其予以了批准，如前文所述，这些国家基本囊括了全球范围内所有的国际海峡重大利益关系国，其中包括国际海峡的典型沿岸国、主要的国际海峡使用国、海洋地理相对不利国以及内陆国，这些国家的立法部门接受《海洋法公约》拘束的行为，无不体现着国家实践的广泛性。

由于在海洋法领域中，一项待确认的习惯法规则，特别是全球范围内每日都在发生的航行飞越国际海峡的行为，不得不以大量国家特别是海洋大国的实践为前提。Jia 在其著作中曾大量评析 36 个国家的实践，本书就不再一一列举，下文将节选若干利益受到特别影响的海洋大国的实践进行分析。

---

[1] 王铁崖:《国际法引论》，北京大学出版社 1998 年版，第 132 页。

[2] International Law Association London Conference (2000), Statement Of Principles Applicable To The Formation Of General Customary International Law, p. 16.

1. 中国

中国是国际海峡主要使用国，中国常驻联合国副代表刘振民大使曾在第61、62、63届联大全会关于“海洋和海洋法”议题的发言中，连续三次提出遵守和维护过境通行制度的主张。[1] 在联大的发言，针对的当然是联合国所有会员国，而非仅针对《海洋法公约》缔约国，因而其根本意义在于呼吁作为非缔约国的海峡沿岸国亦应遵守过境通行制度的相关义务。

2. 美国

作为国际海峡主要使用国，该国于1994年7月29日签署了1994年《协定》，迄今尚未加入《海洋法公约》，但是该国承认过境通行制度反映了习惯法。如美国国防部发布于2008年1月的一份报告指出：“过境通行反映了国际法与习惯做法的一般原则。”[2] 鉴于美国在国际法中的特殊地位，该国对过境通行法律地位的主张，更增加其成为习惯国际法的说服力。如专属经济区制度就是在美国的主张下成为习惯法规则的。

但是无论如何，对于美国而言，它所主张的利益，当然要高过国际社会共同利益。[3] 过境通行符合美国利益，因而它虽不属于公约缔约国，但注定会承认和主张过境通行属于习惯法规则。当然仅就这一立场而言，很难说其违背了国际社会共同利益。

3. 英国

作为既属于国际海峡沿岸国又属于典型的海峡使用国的英国，过境通行即该国提出的，英国支持美国认为的过境通行反映

---

〔1〕 刘振民：“中国常驻联合国副代表刘振民大使在第六十三届联大关于‘海洋和海洋法’议题的发言”，载 http：//www.fmprc.gov.cn/ce/ceun/chn/ldhy/63rd_ga/t526610.htm，最后访问日期：2017年2月15日。

〔2〕 E. Wilcox, *Digest of United States Practice in International Law* 2008, Oxford: International Law Institute, 2010, pp. 862 ~ 863.

〔3〕 Ana G. López Martín, *International Straits: Concept, Classification and Rules of Passage*, Berlin: Springer, 2010, p. 151.

了习惯法的观点。如1987年2月5日时任英国外交和联邦事务部国务大臣的Young男爵夫人发言时提出："国家实践、国际谈判和国际法院的判例均承认，在海峡适用特别的航行制度是适当的。"[1] 此处的"特别"指的就是"过境通行"。此外，该国于1997年7月25日批准公约时宣称："下述声明和陈述，不符合第309条和第310条的规定：……与包括过境通行权在内的用于国际航行的海峡的公约条款所不相容的；……"意为以声明的形式再次向国际社会确认过境通行制度的权威。

4. 日本

日本既是主要的海峡使用国又是沿岸国。1996年该国新《领海及毗连区法》仍保留了日本实行12海里领海制和在五个特定海峡（宗谷海峡、津轻海峡、对马海峡东水道、对马海峡西水道及大隅海峡）实行3海里领海制的规定。日本此举目的是使上述五海峡及水道能够适用《海洋法公约》第36条之规定，即在3海里领海部分适用无害通过制，在中间专属经济区部分适用航行和飞越自由。其聪明之处在于，欲保护海峡沿岸3海里水域的安全，使其不受过境通行的船舶和飞机的威胁，特别是不受潜行之潜水艇的威胁。其做法无不是在利用《海洋法公约》第36条的规定，以达自己的目的，体现着对过境通行的规避，背后却是对过境通行的认可。因为如果其不认可过境通行制度的话，只要直接漠视它即可，没有必要加以规避。或者说，如果日本不认为过境通行制度存在，其大可不必以立法来缩减相关海峡的领海范围，而直接要求外国军舰、潜水艇在其领海通过前予以通知或申请批准就可以了。

（二）一致性

世界上绝大多数国家的立法和实践，均体现了对过境通行制

[1] See the Parliamentary debates, Territorial Sea Bill, House of Lords, March 2, 1987.

度的认可与支持，反映了国家实践在遵守过境通行作为一项国际规则时的一致性。

1992 年，时任联合国秘书长加利即就此总结道：“过境通行制度已概括性地被国际社会所普遍接受，并且演变成为包括沿岸国与船舶国在内的国家实践的一部分。”[1]

（三）一定的时间性

传统上，人们通常认为形成习惯法需长期实践，如有学者认为无害通过形成习惯法历经了 300 年。[2] 但国际社会对究竟多长时间的实践可形成一项习惯规则并无明确规则。案件性质的不同对习惯所需时间的要求也不同。习惯法规则形成所需时间的长短，取决于社会条件。过去生活节奏慢、通信落后，习惯法规则建立需很长时间，但在通信技术发达的今天，重大国际事件很快就会波及全球。国际法院北海大陆架案指出：时间短并不必然妨碍一个新的习惯法规则的形成。国际法委员会 2016 年一报告亦再次确认：“关于时间要素，国家实践里一个相对较短的时期，本身并不属于决定是否存在相应的习惯国际法规则的障碍（Making clear that a relatively short period in which a general practice is followed is not, in and of itself, an obstacle to determining that a corresponding rule of customary international law exists）。”尽管该报告否认了速成习惯法（instant custom）的概念。[3]

可见传统习惯规则形成的长期性已经被打破，时间并不十分

---

〔1〕 In 1992, the UN Secretary – General concluded that the “regime of transit passage has been widely accepted in general terms by the international community and has become part of the practice of States, both of States bordering as well as shipping states.” See U. N., The Law Of The Sea: Practices Of States At The Time Of Entry Into Force Of The United Nations Convention On The Law Of The Sea.

〔2〕 陈致中：“领海‘无害通过权’在实践上的几个问题”，载《中山大学学报（社会科学版）》1982 年第 2 期，第 24 页。

〔3〕 United Nations, Report of the International Law Commision: A/71/10, 2016, p. 96.

重要。[1] 具体到过境通行制度形成一般习惯法的国家实践条件，它不应仅因时间的相对较短（自 1974 年概念的提出至今已有 43 年的时间）而遭到质疑。

（四）义务性

国际社会包括缔约国及非缔约国认可过境通行作为习惯法规则的重要前提，还包括所涉国家必须遵守这项法律义务[2]，特别是主要国际海峡的沿岸国对《海洋法公约》第 38（1）条、第 42（2）条和第 44 条规定的不应阻碍、否定、妨碍、损害或停止过境通行之义务的遵守。

从宏观国际实践上来看，自 1982 年以来，各国货船通过国际海峡前往世界多地的畅通性，以及海洋强国在全球布控海上军事力量的机动性与灵活性，基本得到了海峡沿岸国的承认。如美国军机适用过境通行制度不受限制地飞越直布罗陀海峡，在 1986 年对利比亚实施了空中打击；1990 年，在伊拉克入侵科威特的数小时内，美国军机适用过境通行制度不受限制地飞越了多个国际海峡，前往沙特阿拉伯，拉开了沙漠盾牌行动。[3] 这些所涉海峡沿岸国中有一部分在当时并不属于缔约国，如直布罗陀海峡沿岸国西班牙、摩洛哥批准《海洋法公约》的时间分别为 1997 年 1 月 15 日和 2007 年 3 月 31 日；另有一些国家至今仍未批准公约，如作为霍尔木兹海峡沿岸国的伊朗和阿联酋，但它们对过境通行的义务秉持了基本遵守的立场，这就更能体现出义务的习惯法特征，这是表明国际社会承认这一条约规则得以成为习惯的最具说服力证据。Jia 就此指出，沿岸国对使用国对其海峡权利之主张的

---

〔1〕 姜世波："论速成国际习惯法"，载《学习与探索》2009 年第 1 期，第 82 页。

〔2〕 王军敏："条约规则成为一般习惯法"，载《法学研究》2001 年第 3 期，第 143 页。

〔3〕 傅崐成等编译：《弗吉尼亚大学海洋法论文三十年精选集（1977～2007）》（第 1 卷），厦门大学出版社 2010 年版，第 441 页。

默许（acquiescence），将增强使用国主张过境通行属于习惯的效力。[1]

四、法律确信

主张习惯法存在的一方，需证明法律确信的存在。上文阐述的对稳定和一致的国家实践的查证实际上已提供了初始证据，此外，这些实践须存在相关的利益，如果没有利益平衡方面的冲突，即使有长期的国际实践，法律确信也未必能够形成。[2] 法律确信很大程度上是一个证据问题，在证据的不断取舍、比较之中，最终可以达到一个确定结论：习惯法要么存在，要么不存在。[3]

国际法院在北海大陆架案中对此的阐述是："需要这样一种确信，即存在一种主观要素蕴含在必要法律确信这一理念中。有关各国因而必须感到它们遵守的是一个法律义务的东西。实践本身并不充分。诸如仪式或外交礼节的国际行为，虽有时表示出几近稳定的特征，但那只是礼貌、便利或惯例推动之结果，不能被认为是拘于法律义务。"

国际法院的判例突出了法律确信对义务的考查或检视；同时法律确信侧重非物质的和心理的要素；且由于国家并不存在心理活动，一个国家并不能像人一样相信或感知，因而一个国家的"信念"不过是从该国的国际义务性政策、法律和行为中抽象得出的，这些表现就源自决策者、立法者或实践者的信念或意识。

---

〔1〕 Bing Bing Jia, *The Regime of Straits in International Law*, Oxford: Clarendon Press, 1998, pp. 202 ~203.

〔2〕 李居迁："防空识别区：剩余权利原则对天空自由的限制"，载《中国法学》2014 年第 2 期，第 14 页。

〔3〕 贾兵兵：《国际公法：和平时期的解释与适用》，清华大学出版社 2015 年版，第 33、35 页。

虽说没有哪个国家会说它们的法律确信可从一个或一些个体的陈述或行为中加以确定，但当这些个体在特定时间代表国家有权机关的意思时，如外交人员在联合国大会的发言等，却不得不体现着国家意志。因而识别法律确信归根结底还是要通过代表国家意志的主观行动及宣示来证明。

各有关利益国对于过境通行的义务性的行动及宣示可总结如下：

（一）行动

行动上，由于国家实践与法律确信并不属于可予分割的对象，当国家实践初步证明存在一项习惯法规则时，该规则就能从法律确信的证据中推导而出。[1] 因此，上述研讨之国家实践的义务性，完全可以佐证法律确信的行动意思表示。如彼时作为非缔约国的西班牙、摩洛哥以及至今仍作为非缔约国的伊朗、阿联酋等国对过境通行义务的遵守，无不特别体现和反映着法律确信的存在。一般认为，当一国对其他国家的行动不提出抗议时，就会被推定为接受，这种接受足以构成对习惯法法律确信的推定。[2]

（二）宣示

宣示与行动同等重要。整体上，各国批准《海洋法公约》时对不得保留之义务的确信与遵守，无不反映了它们对于包括过境通行在内的各项规则的遵守。

例如，作为霍尔木兹海峡沿岸国、至今尚未批准公约的伊朗1982年12月10日宣称："缔约国有权享有……公约第3部分第2节第38条规定之过境通行权。"作为直布罗陀海峡沿岸国、1997年1月15日成为公约缔约国的西班牙于1984年12月4日宣称：

---

〔1〕 Bing Bing Jia, *The Regime of Straits in International Law*, Oxford: Clarendon Press, 1998, p. 170.

〔2〕［美］安东尼·达马托：《国际法中习惯的概念》，姜世波译，山东文艺出版社2013年版，第78页。

“……只要不阻碍过境通行的飞越，沿岸国有权命令和适用用于国际航行的海峡上空的相关飞越规则。”[1] 作为多佛尔海峡沿岸国、1997年7月25日成为公约缔约国的英国和1996年4月11日成为公约缔约国的法国于1988年共同宣布“将赋予其他国家通过多佛尔海峡相同于过境通行之权利”。[2] 作为若干地中海国际海峡沿岸国的希腊在1995年7月21日批准公约时宣称：“在上述替代海峡，第三国的船舶和飞机能适用过境通行制度。一方面，国际航行和飞越的需要应被满足；另一方面，过境的船舶和飞机以及沿岸国的最低安全需要应被实现。”作为蒂朗海峡沿岸国的沙特阿拉伯于1996年4月24日批准公约时宣称：“过境通行制度不仅适用于在公海或专属经济区的一个部分和公海或专属经济区的另一部分之间的用于国际航行的海峡，而且也适用于与岛屿相邻或毗连的这些海峡，特别是被主管国际组织指定的位于出口或入口的海峡交通线。”此外，2011年5月15日成为公约缔约国的泰国于1993年宣布：“国际习惯法和国家实践所确定的有关规则已为1982年《海洋法公约》所确认并写入法律中，根据这些规则，所有国家的船只……在用于国际航行的海峡均享有过境通行权。”[3] 等等。上述国家，除了泰国之外，均属于重要的国际海峡沿岸国，其宣示均属于对自身义务的确认。此外，西班牙、英国、法国和泰国在成为公约缔约国之前就进行了宣示，这无不反映了它们对过境通行的遵守实际上是一种法律信念，而非公约责任，这就说明了法律确信在过境通行中的确实存在。

---

〔1〕 See the webset of UN, http://www.un.org/depts/los/convention_agreements/convention_declarations.htm#Philippines Understanding made upon signature (10 December 1982) and confirmed upon ratification, last visited on August 31, 2016.

〔2〕 E. D. Brown, The International Law of the Sea: Documents, Cases and Tables, 1994, pp. 93 ~94. 转引自姜皇池：《国际海洋法》（上册），学林文化事业有限公司2004年版，第568页。

〔3〕 张晏瑲：《国际海洋法》，清华大学出版社2015年版，第137页。

五、其他补充证据

（一）有学者认为《海洋法公约》已整体成为习惯法规则

Lee 指出，一个多边条约整体（generalizable）而非部分（portionable）地成为习惯国际法的条件有三：一是条约的普遍性；二是必须有大量的利益受到该条约影响的缔约国；三是缔约国不得对该条约提出保留。而《海洋法公约》明显满足上述三条件：首先，它在全球的适用具有普遍性，属于海洋宪章（A Constitution for the Oceans）；其次，缔约国里涵盖了大量的利益受到该公约影响的国家，包括绝大多数的沿海国和主要的海洋大国；最后，根据该公约第 309 条的规定，并整体考察公约全文可知，其不得作出保留。因而有学者如吴卡则明确提出："《海洋法公约》具备了条约整体成为习惯国际法的各项条件，……《海洋法公约》建立的海洋法基本制度不仅对公约当事国，而且可能对非当事国也有拘束力。"〔1〕作者支持其观点，但对其论据持保留态度。

（二）包括过境通行制度在内的海峡通行制度得到了国际社会的普遍承认

《海洋法公约》根据历史因素、地理因素将不同国际海峡，分别规定适用不同的通行制度：①适用过境通行制度；②适用专门公约制度；③不同海域适用各自通行制度；④适用不应予以停止的无害通过制度。

过境通行制度、专门公约制度、各自通行制度、不应予以停止的无害通过制度、航行飞越自由均存在于不同国际海峡的不同海域中，一并构成了海峡通行制度。

在沿海国的权利和管辖权得以大量扩展的情形下，被称作

〔1〕 吴卡："条约规则如何成为一般习惯法——以《海洋法公约》为考察重点"，载《北京科技大学学报（社会科学版）》2011 年第 2 期，第 75 页。

“航行与飞越制度的皇冠”的无害通过权、过境通行权和群岛海道通行权应得到充分保障，这些通行权对海洋强国在全球范围内调动军事力量来说至关重要，它们是海洋强国同意沿海国主张的权利和管辖权在第三次联合国海洋法会议中得以扩张的前提。[1]《海洋法公约》在保障沿海国主权权益的基础上设计了不同的航行飞越制度，保障了各国的通行权，达成了国际社会的微妙平衡。[2]

《海洋法公约》是一揽子协议，包括过境通行在内的海峡通行制度整体上得到了包括海权国家在内的国际社会的普遍认可。而无害通过、航行飞越自由属于习惯国际法的一部分，所以过境通行亦无理由不成为习惯国际法的一部分。

（三）过境通行制度可被认为是与现行 12 海里领海制相随的一项习惯法规则

时至 20 世纪 70 年代，12 海里领海制已成国际社会大势所趋，美国知其势不可违，遂改变了以往坚持主张的 3 海里领海制，转而集中全力以 12 海里为条件换取国际海峡之自由通行。为此，1970 年 5 月 23 日时任美国总统尼克松发表声明，提出了该国对领海宽度和海峡通行制度的原则政策为：“建立 12 海里领海限定，保证自由通过国际海峡。”[3]

此外，第三次海洋法会议期间，德国政府亦发表声明，主张将过境通行权作为承认各国将领海宽度扩展至 12 海里的先决

---

〔1〕 Helmut Tuerk, Reflections on the contemporary Law of the Sea, Leidon · Boston: Martinus Nijhoff Publishers, 2012, p. 26；郭思雯：“由国际海洋法论海上丝绸之路的挑战”，载《辽宁省法学会海洋法学研究会 2016 年学术年会论文集》，第 116 页。

〔2〕 杨志荣、萧锋：“航行自由绝不是‘军事活动自由’”，载《解放军报》2016 年 5 月 12 日，第 8 版。

〔3〕［斐济］萨切雅·南丹、［以］沙卜泰·罗森原书主编，吕文正、毛彬中译本主编：《1982 年〈联合国海洋法公约〉评注》（第 2 卷），海洋出版社 2014 年版，第 253 页。

条件。[1]

另外，1987 年 2 月 5 日时任英国外交和联邦事务部国务大臣的 Young 男爵夫人发言时亦提出："国际法和国际实践要求，如果英国将领海扩展至 12 海里，我们应使其他国家在一些国际重要海峡如多佛尔海峡享有必要的权利，这些权利包括商船和军舰通过这些海峡时不受阻碍的通行权。"[2]

由此可见，在用于国际航行的海峡维持一种无障碍的通过制度，是《海洋法公约》一揽子协议的重要组成部分，并反映了第三次海洋法会议对全球航行制度的重视。对过境通行制度的接受，使得《海洋法公约》在领海最大宽度为 12 海里的问题上得以达成妥协，因而过境通行制亦可被认为是国际社会换取 12 海里领海制的对应规则，二者不可分割，而 12 海里领海制目前已成了一项习惯法，所以过境通行也没有理由不能成为习惯法规则的一部分。

（四）学界的大多数观点承认过境通行已形成一项习惯法规则

如 Moore（1980）预言："不管是否依赖于新公约，……《海洋法公约》中的海峡制度，都注定会合法发展成为一项新的关于海峡过境的习惯法规则（a new customary law of straits transit）。"[3]

O' Connell（1982）指出："海峡制度已经构成了一项自主的习惯法制度。过境通行制度既非公海航行自由制度，亦非领海

〔1〕 张晏瑲：《国际海洋法》，清华大学出版社 2015 年版，第 137 页。

〔2〕 See the Parliamentary debates, Territorial Sea Bill, House of Lords, March 2, 1987.

〔3〕 John Norton Moore, "The Regime of Straits and the Third United Nations Conference on the Law of the Sea", *American Journal of International Law*, 1980（1）, p. 121.

无害通过制度。"〔1〕

Koh（1987）提出："假以时日，《海洋法公约》为大量国家所批准之后，国家实践的次数标准将得以满足（satisfied），公约的非缔约方（non - parties）如美国将会在顺风车上坐享其成（the benefits of a free ride）。"〔2〕意即，只要公约生效，过境通行的义务将会成为海峡沿岸国不仅对缔约国而且对非缔约国普遍遵守的规范。此文发表后的第 7 年即 1994 年 11 月 16 日，《海洋法公约》生效，众所周知条约具有相对效力原则，缔约国内部之间允许过境通行无可厚非，但非缔约国凭什么有权在他国海峡特别是非缔约国的海峡中过境通行？这里"顺风车（a free ride）"措辞，显然是在肯定过境通行制度的习惯法特征，即非缔约国在他国海峡特别是非缔约国的海峡中适用过境通行的权利依据，就是习惯法中的过境通行权。

Caminos（1987）认为："1982 年《海洋法公约》中过境通行制度的始终如一的实践（practice consistent），证明了其条款正在浮现为（emerging）一项习惯国际法规则。"〔3〕他后于 2014 年指出："……为在公海或专属经济区的一个部分和公海或专属经济区的另一部分之间的海峡继续不停和迅速过境的目的而行使航行和飞越自由的概念（即过境通行概念），已经被接受（received）为习惯法，……"原书中还有后半句："……然而该项权利的细节与条件（details and conditions）至今不明。"〔4〕联系上下文可知，作者主旨确为指出过境通行制度内涵的不明性。但这

---

〔1〕 O' Connell, *The International Law of the Sea VOL. I*, New York: Clarendon Press, 1982, p. 327.

〔2〕 T. T. B. Koh, "The Territorial Sea, Contiguous Zone, Straits and Archipelagoes under the 1982 Convention on the Law of the Sea", *Malaya Law Review*, 1987 (29), p. 198.

〔3〕 Hugo Caminos, "The Legal Regime of Straits in the 1982 United Nations Convention on the Law of the Sea", *Recueil des cours*, 1987 (205), pp. 231 ~ 232.

〔4〕 Hugo Caminos and Vincent P. Cogliati - antz, *The Legal Regime of Straits: Contemporary Challenges and Solutions*, Cambridge: Cambridge University Press, 2014, p. 470.

种不明性能否认过境通行的习惯法地位吗？习惯法规则难道就是一成不变的吗？仅以既是条约法规则又是习惯法规则的航行飞越自由为例，谁能肯定它的细节与条件就已明确？谁能断定它在国际社会中没有争论？既然它的内涵从来就是变动不居的[1]，那么作为原则上与航行飞越自由相一致的过境通行[2]，内涵也不可能不变。因此，过境通行在国际法上内涵的不明，不能否认其作为习惯法规则的地位。

Jia 在充分总结学界观点后指出，大多数学者认为，过境通行制度是第三次海洋法会议的创新（invention），同时也形成了一项习惯国际法规则。[3]

总而言之，通过对过境通行是否符合条约转化为习惯的条件的考察，可得出的一般结论是：过境通行属于条约创设的规则，但当前已符合条约转化为习惯的条件，形成了一项习惯法规则。在这种情况下，并不是条约对非缔约国产生了权利和义务，而是习惯国际法附着于条约而产生。

过境通行作为一项习惯法规则的证成，就说明了它不仅对缔约国有效，而且对非缔约国有效；它不仅是一项条约法权利，而且是一项习惯法权利。国际社会所有国家均应遵守《海洋法公约》第38（1）条、第42（2）条和第44条规定的不应阻碍、否定、妨碍、损害或停止过境通行的义务，不应超出其第42（1）条规定的立法管辖权范围，特别是无权作出适用对象过境前事先通知或申请批准的要求、强制引航的要求、对过境的对象进行跟踪监控的行为，等等。过境通行作为习惯法规则的证成，为中国

---

〔1〕 马得懿："海洋航行自由的体系化解析"，载《世界经济与政治》2015年第7期，第130、137页。

〔2〕 Donald R. Rothwell, *Law of the Sea*, Cheltenham · MA: Edward Elgar Pub, 2013, p. 391.

〔3〕 Bing Bing Jia, *The Regime of Straits in International Law*, Oxford: Clarendon Press, 1998, pp. 207 ~ 208.

的船舶和飞机继续不停和迅速地过境相关国际海峡奠定了国际法依据。

第四节　本章小结

第四章证成了过境通行制度属于一项习惯国际法规则。过境通行制度不是《海洋法公约》对习惯法的编纂，第三次海洋法会议前习惯国际法中并不存在过境通行制度，它是一项条约法规则。条约可以转化为习惯，对国际法院北海大陆架案的考察可知需要四项条件，而过境通行已满足了这些条件：

1.《海洋法公约》相关规则的创制性

按内容的不同，条约可分为契约性条约和造法性条约，前者不能成为国际法渊源，后者才会构成。1982 年《海洋法公约》属于后者，但这并不意味着该公约里头所有规则均属于创设性规则。其中有的规则是对习惯法规则的确认，如无害通过、航行飞越自由；有的则属于创新，如过境通行、群岛海道通过。过境通行制度在被英国草案提出之前，有关它的理论与实践并不存在，但经过国际社会的争论和妥协，它最终被成功列入《海洋法公约》第 3 部分第 2 节中，成为一项条约法规则，它的形成本身无不属于《海洋法公约》的创设性产物。此外，1978 年澳大利亚与巴布亚新几内亚《关于主权和包括托雷斯海峡在内的海洋边界区域的条约》第 7（6）条的规定、1985 年《南太平洋无核区条约》第 5（2）条的规定亦从条约法规则层面对过境通行制度予以了确认。

2.《海洋法公约》相关规则的普遍性

当前《海洋法公约》缔约方已达到 168 个，缔约方数量之多，使其成为当今最具有普遍性和影响力的国际多边协定之一。缔约方具有普遍的代表性，地理位置上遍布五大洲，既包括一般意义上的海洋大国如俄罗斯、英国、法国、加拿大、澳大利亚等，也包括一些小国如科特迪瓦、突尼斯、巴林等。这些缔约方包括利益受到特别影响的国家，如新加坡、马来西亚、日本、英国等海峡沿岸国，中国、俄罗斯、法国等海峡使用国，德国、韩国等海洋地理相对不利国，蒙古、老挝、尼泊尔、捷克等内陆国。《海洋法公约》的生效属于一揽子协议，缔约方无权提出保留，因而过境通行作为其中的一项制度，具备了普遍性基础。

3. 国家实践

（1）具备了广泛性的要求。《海洋法公约》的缔约方基本囊括了全球范围内的海峡重大利益关系国，这些国家的立法部门接受《海洋法公约》拘束的行为，无不体现着国家实践的广泛性。

（2）具备了一致性的要求。世界上绝大多数国家的立法和实践中，体现了对过境通行制度的认可与支持。

（3）具备了时间性的要求。一个相对较短的时期，本身并不属于决定是否存在相应的习惯国际法规则的障碍。

（4）具备了义务性的要求。从宏观国际实践上来看，自 1982 年以来，各国货船通过国际海峡前往世界多地的畅通性，以及海洋强国在全球布控海上军事力量的机动性与灵活性，基本得到了海峡沿岸国的承认。

4. 法律确信

（1）在行动方面，可查证出，彼时作为非缔约国的西班牙、摩洛哥以及至今仍作为非缔约国的伊朗、阿联酋等国对过境通行义务秉持了遵守的立场，这就体现和反映着法律确信的存在。一般认为，当一国对其他国家的行动不提出抗议时，就会被推定为接受，这种接受足以构成对习惯法法律确信的推定。

（2）在宣示方面，伊朗、西班牙、英国、法国、希腊、沙特阿拉伯等国曾先后通过宣示确认了自身作为海峡沿岸国的义务；西班牙、英国、法国和泰国在成为公约缔约国之前就进行了宣示，这无不反映了它们对过境通行的遵守实际上是一种法律信念，而非公约责任，这就说明了法律确信在过境通行中的确实存在。

总之，第四章可得出的一般结论是：过境通行属于条约创设的规则，但当前已符合条约转化为习惯的条件，形成了一项习惯法规则。这就说明了，过境通行制度不仅对《海洋法公约》缔约国有效，对非缔约国也有效，非缔约国亦应遵守过境通行的相关国际法义务。

第五章　中国与过境通行

《海洋法公约》中的过境通行制度反映了海洋自由的精神，海峡沿岸国在任何时候都不应停止过境通行权。[1] 作为国际社会主要的海峡使用国之一，近半个世纪以来，中国对待过境通行的立场发生了根本性转变。

第三次海洋法会议是中国重返联合国后首次参加的重要多边谈判，中国在谈判中始终把握的总体立场是意识形态挂帅，坚决站在“第三世界”一边。即便当时有人意识到这可能与中国的国家利益不一致，也并未受到重视。[2] 过境通行制度当时曾饱受中国代表团的反对，如 1972 年 7 月 24 日，中国代表沈韦良“在海底委员会第二小组委员会会议上就海峡通航问题的发言”时提出：“我们主张：属于各国领海范围内的海峡，不论是否经常用于国际航行，应由各沿岸国进行管理，外国商船可以无害通过，但是应该遵守各沿岸国的有关法令和制度的规定，外国军舰必须事先得到批准，才能通过属于沿岸国领海范围内的海峡。”[3]

---

〔1〕 李洁宇：“《联合国海洋法公约》的‘自由’精神”，载《新东方》2014 年第 4 期，第 15、18 页。

〔2〕 罗国强：“《联合国海洋法公约》的立法特点及其对中国的影响”，载《云南社会科学》2014 年第 1 期，第 125 页。

〔3〕 北京大学法律系国际法教研室编：《海洋法资料汇编》，人民出版社 1974 年版，第 33 页。

中国代表团的主张是在为沿海国的海洋权利而战斗〔1〕，但时间证明了过境通行制度对中国有利，也逐步得到了中国的支持：中国政府在1982年签署《海洋法公约》时，对其第3部分“用于国际航行的海峡”并未表示异议；1996年第八届全国人大常委会批准《海洋法公约》时作出的声明，亦未涉及海峡的航行飞越制度；据公开资料显示，中国政府最早于2006年12月7日在国际社会公开提出“《公约》确立的用于国际航行海峡的过境通行制度……应该得到维护”〔2〕。据可查询到的资料显示，自《海洋法公约》公布至今，国内学者著述一般均认可或主张过境通行制度对中国的重要意义。

对待过境通行制度的立场的转变体现了国家视角从近海防御到世界海运大国以及军事海洋战略的飞跃。包括军舰、军机在内的中国船舶和飞机有权过境通行全球相应的国际海峡的相应海域，中国需要适用过境通行制度维系和扩大对外开放。同时，经论证可知，中国国内并无适用过境通行制度的海峡，国内立法亦无与《海洋法公约》中的过境通行制度相矛盾之处，该制度本身并不损害中国的国家利益。

第一节　中国过境通行他国海峡的问题

一、中国常用的国际海峡分布

（一）中国主要的海上贸易通道及对过境通行的适用

中国到2050年的目标是成为中等发达国家，仅靠国内资源

---

〔1〕 Kheng－Lian Koh，*Straits in International Navigation：Contemporary Issues*，New York：Oceana Publications，1982，p. 125.

〔2〕“刘振民大使在第61届联大全会关于‘海洋和海洋法’议题的发言”，http://www.fmprc.gov.cn/ce/ceun/chn/ldhy/yw/ld61/t289496.htm，最后访问日期：2017年2月15日。

尚不足支撑此目标。中国现已成为世界第一贸易大国，最近五年的外贸依存度平均高达40%以上。当前中国开通了30多条远洋航线，通达世界150多个国家和地区的600多个港口。[1]

1. 中国—东南亚航线

作为中国的近海航线，该航线是中国船舶去东南亚各国港口，以及经由马六甲海峡去印度洋、大西洋各港口的主要航线。2015年《推动共建丝绸之路经济带和21世纪海上丝绸之路的愿景与行动》指出："21世纪海上丝绸之路重点方向是从中国沿海港口过南海到印度洋，延伸至欧洲；从中国沿海港口过南海到南太平洋。"因而不管是西至欧洲还是南下大洋洲，中国—东南亚的南海航线均是必经航线。其中经过马六甲海峡、龙目海峡、巽他海峡、巴拉巴克海峡、苏里高海峡、锡布海峡、巴厘海峡等24条适用过境通行制度的知名海峡，如表7所示。

表7　中国—东南亚的南海航线中适用过境通行制度的知名海峡一览表

海峡的名称	海峡的区域	航行飞越制度
菲律宾境内的巴布延海峡、波利略海峡、马基达海峡、费尔得岛海峡、圣贝纳迪诺海峡、民都洛海峡、苏里高海峡、巴西兰海峡、锡布海峡；印度尼西亚境内的邦加海峡、格里汗特海峡、科蒂海峡、塞拉桑	正常内水	沿岸国的自主决定权
海峡、阿比海峡、翁拜海峡、罗蒂海峡、萨佩海峡、阿拉斯海峡、龙目海峡、巴厘海峡、巽他海峡、加斯帕尔海峡；位于印度尼西亚、马来西亚与新加坡之间的马六甲海峡；	特殊内水和领海	过境通行制度

[1] 高兰："中国：积极维护海上通道安全"，载《文汇报》2012年12月3日，第6版。

续表

海峡的名称	海峡的区域	航行飞越制度
位于马来西亚和菲律宾之间的巴拉巴克海峡	正常内水	沿岸国的自主决定权
	特殊内水和领海	过境通行制度
	专属经济区和公海	航行飞越自由

特别是马六甲海峡，它是连接亚、非、欧三大洲的重要海上通道，是中国重要的海上贸易和能源通道，中国对该海峡的实际控制程度较弱，成为制约中国经贸发展的重大隐患。[1] 必须明确的是，中国船舶和飞机通行于此的依据是过境通行权，而非沿岸国的恩惠，更非其他海权国的默许。

2. 中国—欧洲航线

主要海上航线为：中国大陆（台湾海峡）—南海—马六甲海峡（或巽他海峡、龙目海峡）—印度洋—曼德海峡—红海—苏伊士运河—地中海（法国、意大利等地中海沿海国家）—直布罗陀海峡—德国、挪威等非地中海沿岸国家。

其中经过马六甲海峡、曼德海峡、直布罗陀海峡等众多适用过境通行制度的国际海峡。

3. 中国—美洲航线

主要海上航线为：中国大陆（台湾海峡）—东海—连接东海与太平洋的海峡—太平洋—美洲西海岸—巴拿马运河或麦哲伦海峡—美洲东海岸。

在东海以东的周边国际海峡中，经过千岛海峡、择捉岛海峡、国后岛海峡、色丹岛海峡、吐噶喇海峡等适用过境通行制度的国际海峡。

---

〔1〕 疏震娅："中国周边若干海洋权益争议及其对国家安全的影响"，载高之国、贾宇、张海文主编：《国际海洋法问题研究》，海洋出版社 2011 年版，第 171 页。

4. 中国—澳大利亚、新西兰航线

中国至澳大利亚西海岸与至澳大利亚东海岸和新西兰的航线有所不同。中国至澳大利亚西海岸的主要海上航线为：中国大陆（台湾海峡）—南海—巴拉巴克海峡—望加锡海峡—龙目海峡—印度洋—澳大利亚西海岸。中国至澳大利亚东海岸和新西兰的主要海上航线为：中国大陆（台湾海峡）—南海—巴拉巴克海峡—望加锡海峡—班达海—阿拉弗拉海—托雷斯海峡—珊瑚海—澳大利亚东海岸和新西兰。[1]

其中经过巴拉巴克海峡、龙目海峡等适用过境通行制度的国际海峡。

（二）中国重要的海外能源通道及对过境通行的适用

中国重要能源进口依赖海运，如原油进口的89.87%、铁矿石进口的97.6%、煤炭进口的93.35%均通过海运实现。[2]

1. 原油进口通道

中国的原油进口过于集中于中东地区[3]，主要依靠如下三条海上航线：

（1）波斯湾—霍尔木兹海峡—阿拉伯海—印度洋—马六甲海峡（或巽他海峡、龙目海峡）—南海—台湾海峡—中国。

（2）北非—地中海—苏伊士运河—红海—曼德海峡—亚丁湾—阿拉伯海—印度洋—马六甲海峡（或巽他海峡、龙目海峡）—南海—台湾海峡—中国。

（3）北非—地中海—直布罗陀海峡—大西洋—好望角—印度洋—马六甲海峡（或巽他海峡、龙目海峡）—南海—台湾海峡—中国。

---

〔1〕 李兵：《国际战略通道问题研究》，当代世界出版社2009年版，第343页。

〔2〕 梁明、陈柔笛："中国海上贸易通道现状及经略研究"，载《国际经济合作》2014年第11期，第79页。

〔3〕 齐明等："中国未来原油进口的多元化分析"，载《资源科学》2014年第3期，第512页。

其中经过霍尔木兹海峡、曼德海峡、直布罗陀海峡、马六甲海峡、巽他海峡、龙目海峡等适用过境通行制度的国际海峡。

2. 铁矿石进口通道

铁矿石亦是中国进口的重要能源之一，自2000年至2012年，其海外来源地的前四名稳定为澳大利亚、巴西、印度和南非。[1]

（1）澳大利亚—中国的航线，如上所述，此处不再赘述。

（2）巴西—麦哲伦海峡或巴拿马运河—太平洋—吐噶喇海峡等连接太平洋与东海的海峡—台湾海峡—中国；或巴西—好望角—印度洋—马六甲海峡（或巽他海峡、龙目海峡）—南海—台湾海峡—中国。

（3）印度—阿拉伯海（或孟加拉湾）—印度洋—马六甲海峡（或巽他海峡、龙目海峡）—南海—台湾海峡—中国。

（4）南非—印度洋—马六甲海峡（或巽他海峡、龙目海峡）—南海—台湾海峡—中国。

其中经过巴拉巴克海峡、马六甲海峡、龙目海峡、巽他海峡、吐噶喇海峡等适用过境通行制度的国际海峡。

3. 煤炭进口通道

煤炭亦是中国进口的重要能源之一，来源地主要是澳大利亚、印度尼西亚、越南、蒙古、俄罗斯和南非[2]，其中海外来源地主要是澳大利亚、印度尼西亚、南非。

其中经过巴拉巴克海峡、马六甲海峡、巽他海峡、龙目海峡等适用过境通行制度的国际海峡。

（三）中国重要的海洋军事战略通道及对过境通行的适用

中国的海洋军事战略通道大多是太平洋航线，赴印度洋的航

---

〔1〕 程欣等："中国铁矿石进口市场结构与需求价格弹性分析"，载《资源科学》2014年第9期，第1917页。

〔2〕 童伟华："我国使用的国际战略海峡航行利益维护对策"，载《河南财经政法大学学报》2015年第3期，第20页。

线要经过马六甲海峡（或巽他海峡、龙目海峡），变数很多。[1]中国大陆向东、向西南进出太平洋、印度洋的毗邻海域外缘为世界上最长的岛链所包围。[2]美国前国务卿 Dulles 在 1951 年首提了“岛链战略”的概念，其中“第一岛链”一般认为由勘察加半岛到马来半岛之间的千岛群岛、日本国诸岛、琉球群岛、台湾岛、菲律宾北部和婆罗洲组成；“第二岛链”一般认为由日本的小笠原群岛、火山列岛以及美国的北马里亚纳群岛所组成。[3]位置如图 2 所示。

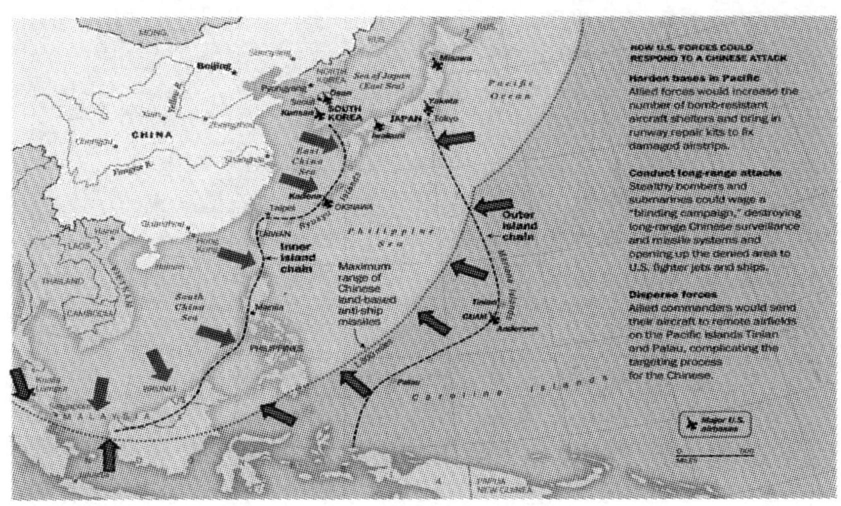

图 2　岛链示意图[4]

---

〔1〕刘佳：“关于海上丝绸之路通道安全的若干思考”，载中国海洋学会编：《第十二届军事海洋战略与发展论坛》（上），海洋出版社 2015 年版，第 13 页。

〔2〕方刚营、马春华：“海上战略通道与国家海上利益空间拓展”，载中国海洋学会编：《第十一届军事海洋战略与发展论坛》，海洋出版社 2014 年版，第 241 页。

〔3〕See the Wikipedia of “Island Chain Strategy”，https：//en. wikipedia. org/wiki/Island_Chain_Strategy，最后访问日期：2017 年 5 月 1 日。

〔4〕图片来自于“Leading Edge”网站：https：//leadingedgeairpower. com/2015/08/04/strategic – architectures/，最后访问日期：2017 年 1 月 31 日。

上述岛链中拥有若干重要国际海峡，其中不少是适用过境通行制度的国际海峡，如吐噶喇海峡、巴拉巴克海峡、马六甲海峡、龙目海峡、巽他海峡等。过境通行制度为中国船舶飞机（包括军舰军机）进出上述海峡，沟通中国与太平洋、印度洋提供了重要的国际法依据，它在法理上可击破 Dulles 所谓的岛链战略。随着中国国家实力的增强以及全球海洋战略的凸显，其将会对美国的海洋霸权形成一定冲击。

西太平洋地区是中国海洋安全战略必须关注的重点地区〔1〕，区域内海军战略的机动性与海洋贸易的密集性使得航行权利与自由成了该地区的关键问题之一〔2〕。然而该地区的通行权纠纷并非主要来自地理因素或国际法规则，而是源自复杂的地缘政治环境。〔3〕以日本为例，美俄军舰也时常过境日本诸国际海峡〔4〕，日本常自称是国际海洋法的遵守者，并强调其他国家应遵守国际海洋法，却不时派遣军舰军机对中方军舰军机的正常过境行为进行跟踪监控，既违反了《海洋法公约》第 42（2）条的反歧视原则，也超出了第 42（1）条的沿岸国管辖权范围。

二、中国过境通行他国海峡面临的风险研判

（一）美国对中国展开岛链封锁

美国为了确保其在亚太地区的领导地位，注重巩固和强化海

〔1〕 刘新华：“西太平洋地区的海洋安全形势与中国的地区性海权”，载《太平洋学报》2011 年第 2 期，第 83 页。

〔2〕 Same Bateman, “The Regime of Straits Transit Passage in the Asia Pacific: Political and Strategic Issues”, in Donald R. Rothwell and Sam Bateman, *Navigational Rights and Freedoms and the New Law of the Sea*, The Hague · London · Boston: Martinus Nijhoff Publishers, 2000, p. 94.

〔3〕 江淮：“从宫古海峡看中国军舰的航行自由问题”，载《世界知识》2011 年第 19 期，第 68 页。

〔4〕 李令华：“简述日本的海洋政策”，载《海洋与海岸带开发》1988 年第 4 期，第 76 页。

洋力量，力图构建北起日韩，中经台湾海峡、南中国海、菲律宾和新加坡，南至澳大利亚的针对中国的具有战略威慑作用的岛链封锁。〔1〕它凭借冲绳的军事基地，游弋于西太平洋地区的第七舰队，以及与日本、菲律宾、泰国、新加坡等国的军事合作关系遥控着整个地区。〔2〕

长期以来，中国的海洋军事力量都局限在“第一岛链”之中，要建设海洋强国，中国海军就必须冲出“岛链”。〔3〕中国在西太平洋地区的利益属于中国的生存利益，与之相应，中国海权在西太平洋地区的战略，必须确保在第一岛链范围内的绝对制海权，能够自由地使用海洋。〔4〕即中国的地理位置、海权战略、对外开放政策以及日渐增多的海外贸易均需要一个安全、通畅的海峡通行制度，中国的船舶和飞机需要适用过境通行制度走向全球。

（二）国际海峡航行安全存在问题

时至今日，在经济全球化大背景下，海峡安全成为世界性的安全问题。〔5〕中国在通过国际海峡中面临的挑战日渐严峻，如我国经常使用的曼德海峡和马六甲海峡面临海盗攻击的风险较大，反海盗形势不容乐观〔6〕，我国经常使用的日本诸国际海峡面临日本军舰军机跟踪、监视及封锁的风险与日俱增。此外，海上恐怖

---

〔1〕刘中民：“海权问题与中美关系述论”，载《东北亚论坛》2006 年第 5 期，第 72 页。

〔2〕鞠海龙：《亚洲海权地缘格局论》，中国社会科学出版社 2007 年版，第 122 ~ 123 页。

〔3〕罗国强：“《联合国海洋法公约》的立法特点及其对中国的影响”，载《云南社会科学》2014 年第 1 期，第 128 ~ 129 页。

〔4〕刘新华：“西太平洋地区的海洋安全形势与中国的地区性海权”，载《太平洋学报》2011 年第 2 期，第 91 页。

〔5〕王立东：《国家海上利益论》，国防大学出版社 2007 年版，第 185 页。

〔6〕刘丹：“海洋法视角下的海盗治理问题”，载《探索与争鸣》2011 年第 10 期，第 21 页。

主义、海上有组织犯罪、航运事故、自然灾害等威胁亦可能对我国过境通行相关海峡带来障碍。[1]

尽管和平时期有《海洋法公约》调整各国行为，海峡沿岸国不至于鲁莽地中断他国航行，但临时突发事件亦在所难免。据公开资料显示，2013 年 8 月 19 日，围绕直布罗陀海峡的英西争端再次升级；2015 年 3 月 27 日，曼德海峡被阿拉伯联军海上军事封锁；2016 年 7 月 16 日，基于应对政变的安全考虑，土耳其暂时关闭了博斯普鲁斯海峡；等等，这些事件无不时刻警醒国人。

（三）中国对一些重要海峡的影响力较为有限

中国经常使用的重要国际海峡包括马六甲海峡、霍尔木兹海峡、直布罗陀海峡、曼德海峡以及日本境内的诸多国际海峡，形势堪忧。

马六甲海峡沿岸国特别是印度尼西亚和马来西亚对外国介入海峡事务保持高度戒心，中国对此也表示尊重，反对一些海洋大国军事介入，但是中国的反对不能消除其他国家的干涉行为，如美国、日本、印度等国逐步增大了对马六甲海峡的控制力度，如美国在新加坡建设军事基地，日本通过马六甲海峡委员会（Malacca Strait Council）给予马六甲海峡沿岸国以主要的支援[2]，印度在马六甲海峡西北口建设了军事基地。[3] 作为霍尔木兹海峡沿岸国之一的阿联酋、作为直布罗陀海峡沿岸国的英国和西班牙均属于美国传统盟友。曼德海峡周边安全局势堪忧，中国也不得不长期往此派遣护航编队。日本对中国过境通行其境内的国际海峡

---

〔1〕 陈通剑、阮帅：“新形势下维护我国海上战略通道安全的思考”，载中国海洋学会编：《第十二届军事海洋战略与发展论坛》，海洋出版社 2015 年版，第 33 页。

〔2〕 Sharina Shaukat, “The Straits of Malacca: Current and Prospective Interests in the Prvention and Control of Marine Environmental Pollution”, in Donald R. Rothwell and Sam Bateman, *Navigational Rights and Freedoms and the New Law of the Sea*, The Hague · London · Boston: Martinus Nijhoff Publishers, 2000, p. 116.

〔3〕 吴慧、张丹：“当前我国海洋安全形势及建议”，载《国际关系学院学报》2010 年第 5 期，第 50 页。

保持戒心，不时派军舰军机跟踪、监控。总体而言，中国对上述海峡的影响力较为有限。

三、对中国过境通行他国海峡的几点思考

（一）适用过境通行制度时需谨遵相应义务

过境通行的船舶和飞机本身是权利义务的集合体，虽说使用国对过境通行义务的违反并不当然导致过境通行权的丧失，但为了体现负责任的大国精神，作为世界上主要的海峡使用国和国际海峡沿岸国的中国，亦应坚持“自律”精神，以精准适用过境通行制度的权利、义务。我国在过境通行问题上与美国等海洋强国有一定差异，作为一个爱好和平和从不追求霸权的国家，我国不宜倾向于偏重过境自由，而应在过境的相对自由与海峡沿岸国的管辖权之间找到相应的平衡。

中国倡导共建的21世纪海上丝绸之路，将引领中国更多地关注海上航运安全〔1〕，反映出其作为《海洋法公约》缔约国的责任意识，服从于《海洋法公约》的相关制度安排，这与中国提倡的互信、互利、平等、协作的新安全观理念是一致的。《海洋法公约》体现了平等包容的海洋文化，它要求在事关国际海峡通行权上，所有国家平等地享有海洋权利和承担相应义务。〔2〕外国船舶和飞机过境通行时应履行相应的国际法义务，包括毫不迟延地航行或飞越、不进行武力威胁或使用武力等。此外，过境通行的船舶和飞机还应遵守各自特别的义务，如前者非经准许不进行研究或测量活动、尊重海道和分道通航制，如后者随时监听相关无线电频率等。

---

〔1〕徐冬根：“国际法视野下的海上丝绸之路”，载《光明日报》2014年12月14日，第8版。

〔2〕李洁宇：“21世纪海上丝绸之路面临的问题及解决路径”，载《中国党政干部论坛》2016年第7期，第49页。

（二）军舰军机的过境通行不应遭到海峡沿岸国的过度解读

过境通行的适用对象是包括商船、军舰、民用飞机和国有飞机在内的所有船舶和飞机，国际实践中亦如此。中国军舰、军机径行通过吐噶喇海峡、马六甲海峡等周边用于国际航行的领峡，是一种正常行为，有关国家应保持正常心态对待，不宜过度解读。

与领海中的无害通过制不同，过境通行制度的国际法内涵中，不要求使用国履行提前向沿岸国申请批准或予以通知的义务。因此，中国军舰军机有权适用过境通行制度径行通过日本用于国际航行的领峡的特殊内水或领海区域。日本对此的跟踪、监控等行为，实属庸人自扰。[1]

（三）需进一步加强与海峡沿岸国的双边和多边合作

与海峡沿岸国加强合作，并非对他国内政的干涉，并非违背了中国独立自主的和平外交方针，而是对《海洋法公约》第 43 条规定的践行。该条为海峡沿岸国与船旗国之间达成区域合作协议奠定了基础。[2]

海峡的航行安全对中国这一愈加重要的海峡使用国而言至为关键，中国宜在共同利益范围内加强与海峡沿岸国的交流合作，积极参与建立海峡安全协作和安全磋商对话机制，坚持国家主权原则，在相关海域安全合作机制的制定中争取和实现中国的海上利益，同时注重维护沿岸国利益，实现双赢之目标。[3] 例如，从 2004 年 7 月开始，印度尼西亚、马来西亚和新加坡等马六甲海峡

---

〔1〕 李人达："中国军舰依法驶过海峡，日方何必庸人自扰"，载《中国海洋报》2016 年 11 月 2 日，第 2 版。

〔2〕《海洋法公约》第 43 条规定的使用国（user States）的实质内涵其实就是船旗国（flag states）。作者原书中在此使用的措辞就是"flag States"。Mary George, *Legal Regime of the Straits of Malacca and Singapore*, Singapore: LexisNexis, 2008, p. 133.

〔3〕 张湘兰、张芷凡："现状与展望：全球治理维度下的海上能源通道安全合作机制"，载《江西社会科学》2011 年第 9 期，第 11 页。

沿岸国就启动了协同巡逻的计划；2006 年 4 月，三国还签署了一项有关马六甲海事安全的协议，三国的海事合作行动产生了示范效应。[1] 目前中国已采取了一些举措，如在 2006 年与马来西亚签署了《海事合作谅解备忘录》，与挪威和新加坡联合签署了《关于海事海运研究与发展及教育与培训合作谅解备忘录》，内容之一即在马六甲海峡的安保方面加强合作；再如 2009 年 11 月在国际海事组织第 26 届大会上，中国交通运输部徐祖远副部长宣布，中国政府将分别向马六甲海峡助航设施基金和国际海事组织马六甲海峡信托基金提供捐款。这是积极的表现。

此外，中国还与伊朗开展合作，在霍尔木兹海峡北侧的格什姆岛建设石油码头、租借油库。中国希望也应当以国际法为依据，在《海洋法公约》第 3 部分第 2 节的框架下，加强与适用过境通行制度的国际海峡沿岸国的合作，以增进国际社会的共同利益。

（四）需确立保障国际海峡安全畅通的基本战略与法律规范

国家宜制定长远的战略规划以及具体的法律规范。当前国家海洋政策和海洋立法尚缺乏保障国际海峡安全畅通的战略意识与系统规划，如何确立这方面的战略倍加重要。海洋活动的复杂化与多样化要求海洋法日渐明确[2]：一方面，制定包含海峡制度的海洋基本法势在必行。我国《宪法》至今尚无关于海洋的表述，更不用说海峡，缺乏上位法依据[3]，一个法律部门如果在立法体系上找不到自己的权力依据，它就难以聚拢成为一个严整的体

---

〔1〕 杨泽伟：“反恐与海上能源通道安全的维护”，载《华东政法学院学报》2007 年第 1 期，第 141 页。

〔2〕 初北平、曹兴国：“海法概念的国际认同”，载《中国海商法研究》2015 年第 3 期，第 19 页。

〔3〕 张式军：“海洋生态安全立法研究”，载齐延平主编：《山东大学法律评论》（第 2 辑），山东大学出版社 2004 年版，第 107 页。

系。[1] 我国需要海洋立法保护国家海峡航行安全。[2] 另一方面，为有效应对海峡突发事件，国家应预先制定相应的应急机制与法律规范，加快制定规范海上运输活动各主体应急行为的法律规范。

总之，国家需运用国际法和国内立法解决争端，积极维护包括国际海峡的过境通行权在内的海洋通行权。[3]

第二节　过境通行制度是否适用于中国国内海峡的问题

中国国内的台湾海峡、琼州海峡的国际法地位是什么？外国船舶和飞机有无通行权？如果有的话，是何类通行权？就这些问题，学界（特别是国内与国外学者）理解不一，如贾兵兵认为台湾海峡、琼州海峡均不适用过境通行制度。[4] Caminos 则特别反对琼州海峡对国际船舶的关闭。[5] 本书对此作出阐释。

一、台湾海峡的国际法地位

（一）它属于用于国际航行的海峡

台湾海峡属于《海洋法公约》第 3 部分之用于国际航行的海峡。因为它南北两端分别连接南海、东海的专属经济区部分；存在用于国际航行的事实，自 16 世纪中叶起，台湾海上航运北通

---

〔1〕 马英杰等：《中国海洋法制建设战略研究》，海洋出版社 2014 年版，第 43 页。

〔2〕 李志文、马金星："论我国海洋法立法"，载《社会科学》2014 年第 7 期，第 94 页。

〔3〕 张芷凡："论'海上丝绸之路'推进中的安全风险与法律应对——以构建海上通道安全合作机制为视角"，载《南海学刊》2016 年第 2 期，第 110 页。

〔4〕 贾兵兵：《国际公法：和平时期的解释与适用》，清华大学出版社 2015 年版，第 301 页。

〔5〕 Hugo Caminos and Vincent P. Cogliati－antz，*The Legal Regime of Straits：Contemporary Challenges and Solutions*，Cambridge：Cambridge University Press，2014，p. 67.

琉球、日本，南达南洋，西进闽粤，已是东北亚与东南亚的航运中继站，时至今日，台湾海峡扼守太平洋与印度洋间海上要道，控制中东石油输往东亚之油路，每天约有 400 余艘国际船舶行驶通过、350 余架国际航线飞机飞越，是世界海空交通枢纽之一。[1]

然而对于台湾海峡而言，它又不能适用过境通行制度，因为它符合《海洋法公约》第 36 条的规定。

（二）它属于不同海域适用各自通行制度的国际海峡

《海洋法公约》第 36 条规定的非领峡的“正常内水”“特殊内水和领海”“专属经济区和公海”等三部分海域，分别适用沿岸国的自主决定权、第 2 部分第 3 节的“领海的无害通过”、第 5 部分第 58（1）条以及第 7 部分第 87（1）（a）条和第 87（1）（b）条的航行飞越自由等制度。

自然地理上，台湾海峡的最小宽度为 74 海里，远超 24 海里，即海峡中存在专属经济区航道。因而判断台湾海峡是否符合第 36 条的关键，是看其专属经济区航道与领海部分是否“similar convenience”。是，则为符合；否，则为不符合。

在海峡私人小组的建议下，1975 年 ISNT 第 36 条将 1974 年英国草案第 3 章第 1（4）（a）条中“equally suitable”[2] 修订为“similar convenience”[3]。“similar”比“equally”的相似程度要低，措辞变化后，非领峡的领海部分更容易被适用无害通过制度了，从“equally”到“similar”的演进，体现了海峡沿岸国权利的扩张以及国际社会对其的妥协。台湾海峡中间的专属经济区航道为 50 海里，完全适合各类船舶的通行，外国船舶和飞机没有必要通行于该海峡的特殊内水和领海区域，因而中国作

---

〔1〕“台湾经济贸易的限制、前景?”，载 https：//tw. answers. yahoo. com/question/index? qid = 20060420000012KK06474，最后访问日期：2017 年 2 月 15 日。

〔2〕United Nations Document：A/CONF. 62/C. 2/L. 3，1974，p. 186.

〔3〕United Nations Document：A/CONF. 62/WP. 8/PartII，1975，p. 158.

为台湾海峡的沿岸国，有权主张在台湾海峡适用第 36 条的规定。

因此，台湾海峡的正常内水海域由沿岸国自主决定；特殊内水和领海区域，不适用《海洋法公约》第 3 部分第 2 节的过境通行，也不适用《海洋法公约》第 3 部分第 3 节的不应予以停止的无害通过，而应适用《海洋法公约》第 2 部分第 3 节的“领海的无害通过”。即此时的无害通过，沿海国有权在必要时予以暂时停止，那么，包括美国、日本、澳大利亚在内的所有非海峡沿岸国的船舶和飞机，均无权过境通行于台湾海峡的正常内水、特殊内水和领海区域，其中间 50 海里的专属经济区海域，则适用航行飞越自由。由此可见，台湾海峡的水域中没有适用过境通行的部分，台湾地区 1998 年“领海及邻接区法”第 13 条中的“过境通行法令之制定”本身存在问题。[1][2]

2001 年 4 月 17 日，三艘澳大利亚军舰通过台湾海峡时径行驶入了中国的领海范围，被中国军舰要求离去。[3] 这是中方在正确行使国际法规则。因为台湾海峡属于不同海域适用各自通行制度的国际海峡，所以在台湾海峡的领海范围，他国军舰不享有可径行驶过的过境通行权。国际法上，他国军舰进入沿海国领海，沿海国有权施加要求通知或申请批准的限制措施。中国《领海及毗连区法》第 6 条第 2 款规定的“外国军用船舶进入中华人民共

〔1〕 黄忠成：《台湾海峡之航行制度》，载台湾《军法专刊》2002 年第 10 期，第 38 页。

〔2〕 该条内容为：“在用于国际航行的台湾海峡非领海海域部分，台湾地区政府可就下列各项或任何一项，制定关于管理外国船舶和航空器过境通行之法令：①维护航行安全及管理海上交通。②防止、减少和控制环境可能受到之污染。③禁止捕鱼。④防止及处罚违犯台湾地区海关、财政、移民或卫生法令，上下任何商品、货币或人员之行为。前项关于海峡过境通行之法令，由‘行政院’公告之。”

〔3〕 陈春：“澳大利亚舰艇驶入台湾海峡 中国表示正式抗议”，载 http://www.people.com.cn/GB/junshi/61/20010429/455852.html，最后访问日期：2017 年 2 月 15 日。

和国领海，须经中华人民共和国政府批准”是符合国际法的。然而澳方并未申请，因此中国有权要求其离去。

美国海军上将 Keating 于 2008 年提出：“我们通行台湾海峡的国际水域（international water），不需中国官方允许，我们将随时、随地享有这种通行自由权。”〔1〕这反映了美国军方立场。

根据国际海事局（International Maritime Bureau，IMB）的界定，国际水域是除了内水和领海之外的所有海洋区，包括毗连区、专属经济区和公海（including the Contiguous Zone，the EEZ，and High Seas）。〔2〕就其范围而言，Keating 语中的“随地”与“国际水域”指的应当就是台湾海峡中的专属经济区部分，而非特殊内水和领海部分，唯此方能符合国际法。但须指出的是，专属经济区中的航行飞越自由，不等同于公海中的航行飞越自由，特别是他国军舰无权在专属经济区内测量。中美间关于专属经济区航行自由的分歧集中于军事测量问题上〔3〕，其军舰如果在专属经济区内真正行使航行自由，中方也一贯尊重和支持。〔4〕

（三）它不属于适用不应予以停止的无害通过制度的国际海峡

无论台湾海峡是否符合摩西拿例外海峡的两项条件，它都不

---

〔1〕 See “US Asia – Pacific military chief upbeat on ties with Beijing”，http://www1. ftchinese. com/story/001016768/ce，最后访问日期：2016 年 12 月 30 日。

〔2〕 See Herbert I. Anyiam，“When Piracy is Just Armed Robbery”，http://www. maritime – executive. com/article/When – Piracy – is – Just – Armed – Robbery – 2014 – 07 – 19，最后访问日期：2017 年 1 月 23 日。

〔3〕 杨光海、严浙：“南海航行自由问题的理性思考”，载《新东方》2014 年第 5 期，第 30 页。

〔4〕 “2016 年 4 月 28 日外交部发言人华春莹主持例行记者会”，载 http://www. fmprc. gov. cn/web/fyrbt_ 673021/jzhsl_ 673025/t1359334. shtml，最后访问日期：2017 年 2 月 15 日。

属于此类海峡。因为《海洋法公约》第36条规定：“如果穿过某一用于国际航行的海峡有在航行和水文特征方面同样方便的一条穿过公海或穿过专属经济区的航道，本部分不适用于该海峡；在这种航道中，适用本公约其他有关部分其中包括关于航行和飞越自由的规定。”即只要一海峡属于《海洋法公约》第36条规定的非领峡，那么它就自动排除《海洋法公约》第3部分第2节和第3节规定的适用性。《海洋法公约》第45条位于第3部分第3节中，因而第36条与第45条的关系，不可能亦A亦B，只能是非A即B。

台湾海峡的最小宽度为74海里，中间存在50海里的专属经济区，属于《海洋法公约》第36条的适用对象，那么就排除了适用摩西拿例外的情形。其特殊内水和领海区域，只能是适用《海洋法公约》第2部分第3节的“领海的无害通过”，对于此处的无害通过，沿海国有权于必要时予以暂时停止。

（四）关于澎湖水道

澎湖水道是位于台湾本岛西岸与澎湖群岛领海基线之间的水域。根据1999年“台湾第一批领海基线”可知，澎湖水道水域是指自T8（桃园县大牛栏西岸）起，至T9（澎湖翁公石）、T10（澎湖花屿1）、T11（澎湖花屿2）、T12（澎湖猫屿）、T13（澎湖七美屿）、T14（澎湖琉球屿）、T15（七星岩）连成的直线，与台湾本岛自然形成的海岸线之间围成的水域。其中包括澎湖群岛直线基线内之“澎湖群岛内水”与嘉义外伞顶洲至台南七股一带直线基线内之“嘉南内水”。[1] 位置如图3所示。

---

〔1〕“澎湖群岛内水”与“嘉南内水”之称谓，见傅崐成：《海洋管理的法律问题》，文笙书局2003年版，第378~379页。

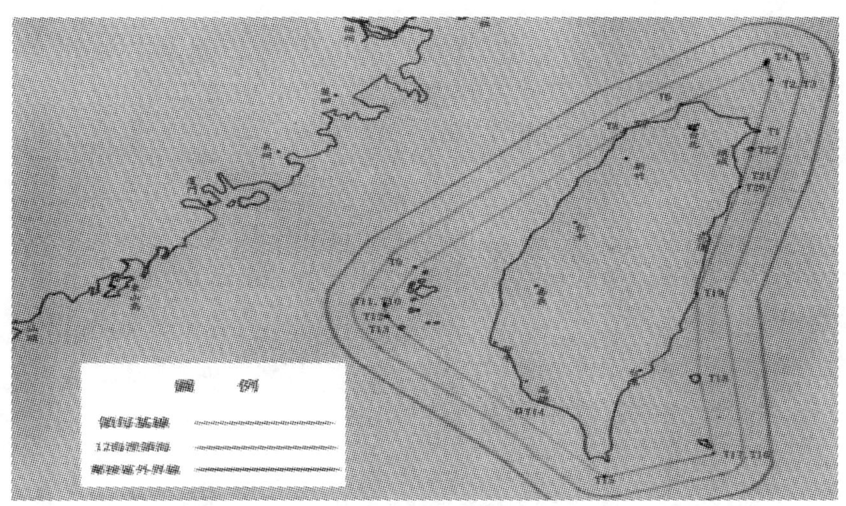

图 3 澎湖水道示意图[1]

《海洋法公约》第 35（a）条规定，海峡内的特殊内水的法律地位，与正常内水不一致，而是与领海完全一致。但并未规定特殊内水的法律地位就当然适用过境通行制度，而是具体问题具体分析，具体要看其所处的海峡。

公约并未规定一条海峡里不存在若干条子海峡，如北极航道就包含若干条用于国际航行的海峡。因此，澎湖水道本身符合《海洋法公约》关于用于国际航行的海峡的界定标准，属于一条用于国际航行的海峡。澎湖水道水域的法律性质应为特殊内水，其法律地位应与台湾海峡中的领海的法律地位一致。台湾海峡属于不同海域适用各自通行制度的国际海峡，其领海水域适用无害通过制度，那么澎湖水道亦应适用与领海无异的无害通过，沿岸国必要时可依《海洋法公约》第 25（3）条的规定“暂时停止外

---

〔1〕 图片来自于台湾澎湖县政府网站：http：//www. phhg. gov. tw/，最后访问日期：2017 年 1 月 4 日（图中“领每基线”似有误，应为“领海基线”——作者注）。

国船舶的无害通过”。

二、琼州海峡的国际法地位

琼州海峡位于广东湛江与海南海口之间，东西长约 50 ~ 60 海里，南北宽约 10 ~ 20 海里，最窄处仅为 10 海里，沟通南海与北部湾[1]，是连接大陆与海南岛的重要海上通道，在经济和国防层面具有重要意义。根据 1958 年《关于领海的声明》第 2 条的规定，琼州海峡是中国的内海。另据 1996 年《关于领海基线的声明》的规定，琼州海峡的主体区域应是特殊内水，当然，在直线基线以外还存在领海区域。

（一）它属于用于国际航行的海峡

如前所述，自科孚海峡案以降，国际法中对用于国际航行的海峡的界定标准，更为简易；用于国际航行的海峡的数量，亦愈加增多。

原本、精准地把握科孚海峡案的判决精神，对迫切需要适用该制度走出岛链封锁、走向全球大洋的中国船舶和飞机而言，意义非同小可。当然国际海峡的界定标准也是一把双刃剑，如果我国在国际社会如此主张用于国际航行的海峡的界定标准的话，那么就不可避免地涉及琼州海峡的地位问题。琼州海峡东西两端分别连接南海和北部湾的专属经济区部分，符合地理标准没有疑义；另一方面，它也应符合功能标准，据海口海事局资料显示，2009 年过往琼州海峡的各类船舶日均交通量约 300 艘次，其中拥有一定数量的越南籍船舶，此外，500 总吨以下的越南籍商船，鉴于缺乏懂得英语的船员，无法向琼州海峡交管中心报告，这部分船舶也具有一定数额。[2] 即便按照每日 300 艘次的非完全数据

---

〔1〕 高健军：《中国与国际海洋法——纪念〈海洋法公约〉生效十周年》，海洋出版社 2004 年版，第 30 页。

〔2〕 朱文海：“VTS 在琼州海峡船舶航行安全的作用”，载《中国水运下（下半月）》2009 年第 8 期，第 58 ~ 59 页。

来计算，每年也会有10万余艘次的船舶经过，明显超出国际法院科孚海峡案中科孚海峡的日均4.5艘次或者年均1642.5艘次的量化数据，那么不管其是否属于必要通道，它都应符合功能标准。因而琼州海峡应属于用于国际航行的海峡。

国内有学者指出，琼州海峡不属于用于国际航行的海峡的原因在于，它对国际交通并不重要，不构成国际交通唯一通道，仅具当地航行意义。但是这种观点显然不符合科孚海峡案的判决精神，因为在案中，国际法院明确指出，海峡是否为连接公海两部分的必要航道（a necessary route）或是连接爱琴海与亚得里亚海之间的借用通道（an alternative passage），均无关宏旨。[1] 也就是说，具备当地意义，并不违背用于国际航行的功能标准。

1958年第一次海洋法会议达成的文件，列举了33条用于国际航行的海峡，其中就包括琼州海峡（Hainan Strait），指出该海峡经常用于国际航行（It is frequently used by international shipping）。[2] 此外，贾兵兵的观点亦如此："因为在琼州海峡的向海一方存在位于中国专属经济区或公海上的、至少有同样便利的航道，且中国实践是将之视为内水，所以，琼州海峡不是法律意义上的国际海峡。过境通行制度不适用。"[3] 据作者理解，贾兵兵言中"琼州海峡不是法律意义上的国际海峡"的侧重点在于"法律意义"，即意思应为，它不属于适用过境通行制度的国际海峡，而属于适用其他通行制度的国际海峡，他并未否认其作为国际海峡的地位。

---

〔1〕 See International Court of Justice: *THE CORFU CHANNEL CASE* (*United Kingdom of Great Britain and Northern Ireland v. Albania*), 1947.

〔2〕 R. H. Kennedy, A Brief Geographical and Hydrographical Study of Straits Which Constitute Routes for International Traffic, United Nations Document: A/Conf. 13/6 and Add. 1, 1958, p. 125.

〔3〕 贾兵兵：《国际公法：和平时期的解释与适用》，清华大学出版社2015年版，第301页。

国内学者并无必要否认琼州海峡的国际海峡地位，其如此主张的初衷可能是预防过境通行制度在该海峡中的适用，但过境通行并不是用于国际航行的海峡的唯一的通行制度，国际海峡还有可能适用其他三类通行制度，具体到琼州海峡，由于它不属于专门条约海峡，也不属于非领峡，所以它也有可能适用《海洋法公约》第45条规定的不应予以停止的无害通过制度。因而，属于用于国际航行的海峡，并不必然适用相对于沿岸国利益而言相对更为侧重保障使用国利益的过境通行制度[1]，并不必然影响到沿岸国的主权、主权权利或管辖权，并不必然对沿岸国不利。《海洋法公约》具备一揽子性的特征，不允许保留[2]，既然国家已对其批准，则应全面执行其条款，享有其权利、履行其义务。

一国主张的用于国际航行的功能标准，有且只有一个，不能搞双重标准，不能在评价本国海峡时提高该标准，而在评判他国海峡时降低此标准。琼州海峡的通航数量明显高于北极航道途经的相关海峡，如果认为琼州海峡不属于用于国际航行的海峡，那么北极航道也将不属于用于国际航行的海峡，否则就会自相矛盾，然而北极航道对中国而言具有重大的经济和战略意义。各国应认识到，其所获得的不当利益与不遵守国际规则所遭受的负面影响相比，难以相提并论。事实上，琼州海峡作为用于国际航行的海峡，并不适用过境通行制度，因为它属于摩西拿例外海峡。

（二）它属于适用不应予以停止的无害通过制度的国际海峡

《海洋法公约》第45（1）条规定了两类适用不应予以停止的无害通过制度的国际海峡，一类是摩西拿例外海峡，一类是死

---

〔1〕 Sharina Shaukat, "The Straits of Malacca: Current and Prospective Interests in the Prvention and Control of Marine Environmental Pollution", in Donald R. Rothwell and Sam Bateman, *Navigational Rights and Freedoms and the New Law of the Sea*, The Hague · London · Boston: Martinus Nijhoff Publishers, 2000, p. 110.

〔2〕 李人达、张丽娜："论《联合国海洋法公约》中'保留'与'例外'之适用"，载《南洋问题研究》2016年第2期，第47页。

巷例外海峡。其中，摩西拿例外海峡的适用条件有二：①海峡沿岸的岛屿与大陆同属一国；②岛屿向海一面的专属经济区或公海航道在航行和水文特征方面与海峡领海部分 similar convenience。

琼州海峡满足上述第一个条件没有疑问。至于第二个条件，预计通航的船舶和飞机若绕行岛屿向海一面的航线，将会增加相当的距离，但 similar convenience 并不要求距离完全一致。如乘船从马赛通过墨西拿海峡到迪利亚斯特，比环绕西西里岛的航线，要短大概 60 海里。[1] 韩国认为济州海峡不适用过境通行制度的主要依据，为其认为这里存在一条 similar convenience 的穿越公海或专属经济区的航道。[2] 如前所述，Alexander 曾指出国际社会中有很多摩西拿例外型海峡，如英国的彭特兰岛（Pentland）、索伦特岛（Solent），加拿大的夏洛特皇后群岛（Queen Charlotte）、约翰斯通岛（Johnstone），新西兰的福沃岛（Foveaux），法国的利勒迪厄岛（Ile d' Yeu），俄罗斯的普鲁夫力夫岛（Provliv），希腊的伊拉夫岛（Elafonisou），日本的佐渡海峡（Sado - kaikyo）、奥尻岛海峡（Okushiri - kaikyo），等等。[3] 因此，法理上而言，琼州海峡没有理由不属于摩西拿例外海峡，中国完全有权利作此种主张，即在该海峡的特殊内水和领海区域，并不适用过境通行制度，而应适用无害通过制度。另据《海洋法公约》第 45（2）条的规定，对于此种海峡的无害通过，沿岸国不应予以

〔1〕 Lewis M. Alexander，"Exceptions to the Transit Passage Regime：Straits with Routes of 'Similar Convenience'"，*Ocean Development and Internationsal Law*，1987（18），p. 486.

〔2〕 Boo - Chan Kim and Seokwoo Lee，"Protection of the Sea Lanes in the Jeju Waters and Maritime Cooperation in Northeast Asia"，in David D. Caron and Nilufer Oral，*Navigating Straits：Challenges for International Law*，Leiden · Boston：Brill Nijhoff，2014，p. 163.

〔3〕 Lewis M. Alexander，"Navigational Restrictions within the New LOS Context"，in David D. Caron and Nilufer Oral，*Navigating Straits：Challenges for International Law*，Leiden · Boston：Brill Nijhoff，2014，p. 145.

停止。

中国在此实行了一定管制下的通航制度，此制度由十余部现行有效的国家和地方法律组成，其中最关键的是1958年《关于领海的声明》、1964年《外国籍非军用船舶通过琼州海峡管理规则》和1984年《海上交通安全法》。但客观而言，如徐祥民所言，中国的海洋立法“并非都能被国际海洋法所接受”〔1〕。邹克渊曾指出，渤海湾、琼州海峡都是我国的历史性水域〔2〕，但上述立法并未规定琼州海峡属于这类水域。这三部法律中，前两部与后一部存在矛盾之处。

1958年《关于领海的声明》第3条的规定〔3〕与1964年《外国籍非军用船舶通过琼州海峡管理规则》第1条的规定〔4〕内涵相一致，即琼州海峡是内海峡，对于外国商船适用申请批准制，对外国军舰关闭通行。

根据《海洋法公约》第8（2）条、第35（a）条的规定，特殊内水不管是否在海峡中，其通行制度都与正常内水不同，而与其临近的领海相同。那么1984年《海上交通安全法》（2016年修正）第11条〔5〕所反映的内涵就是：外国军舰在中国的特殊内水和领海区域，适用申请批准制。虽然包括《海上交通安全法》在

〔1〕 徐祥民：“走出国际法范畴的海洋法——服务于我国海洋基本法建设的思考”，载《山东大学学报（哲学社会科学版）》2015年第1期，第4页。

〔2〕 邹克渊：“《联合国海洋法公约》实施中的若干新问题”，载《中山大学法律评论》2013年第2期，第9页。

〔3〕 该条内容为：“一切外国飞机和军用船舶，未经中华人民共和国政府的许可，不得进入中国的领海和领海上空。”

〔4〕 该条内容为：“根据《中华人民共和国政府关于领海的声明》，琼州海峡是中国的内海，一切外国籍军用船舶不得通过，一切外国籍非军用船舶如需通过，必须按照本规则的规定申请批准。”

〔5〕 该条内容为：“外国籍非军用船舶，未经主管机关批准，不得进入中华人民共和国的内水和港口。但是，因人员病急、机件故障、遇难、避风等意外情况，未及获得批准，可以在进入的同时向主管机关紧急报告，并听从指挥。外国籍军用船舶，未经中华人民共和国政府批准，不得进入中华人民共和国领海。”

内的中国现行立法并未区分正常内水与特殊内水，《海上交通安全法》对外国军舰在中国特殊内水的航行地位也未置可否，但唯有如此理解，才符合《海洋法公约》的规定。作者能感受到国家立法对内水航行地位的关注，如 2017 年《海上交通安全法（修订草案征求意见稿）》第 34 条有关“经中华人民共和国政府批准进入中华人民共和国内水、领海的外国籍军用船舶”的规定，在原法第 11 条规定“领海”的基础上增加了“内水”之措辞，表明了外国军舰在中国特殊内水享有事先申请批准的无害通过权，这体现了国家立法对《海洋法公约》的反映，这是伟大的进步。

国内有学者指出，过境通行制度不适用于琼州海峡的原因在于，根据《海洋法公约》第 34（1）条、第 35 条和第 38 条的规定，用于国际航行的海峡的通行制度不影响这种海峡原来属于内水的法律地位。但是这一理由忽略了《海洋法公约》第 35（a）条的后半句规定：“但按照第 7 条所规定的方法确定直线基线的效果使原来并未认为是内水的区域被包围在内成为内水的情况除外。”即海峡中的特殊内水的通行制度与正常内水不同，而是与领海相同；而正常内水则没有通行权，不管是无害通过还是过境通行。因而，不能以某海峡属于内海峡就当然认定其不适用过境通行制度。另据 1996 年《关于领海基线的声明》规定，琼州海峡的主体水域应属于特殊内水，特殊内水的航行制度与正常内水不同，与领海相同。

综上所述，在充分遵守《海洋法公约》第 3 部分和《海上交通安全法》第 11 条的规定的前提下，国家立法宜将琼州海峡通行制度的核心内涵明确如下：“琼州海峡属于《海洋法公约》第 45（1）（a）条规定的海峡，外国籍非军用船舶，不得进入琼州海峡内水区域，但在直线基线的效果使原来并未认为是内水的区域除外；外国籍军用船舶，未经中华人民共和国政府批准，不得进入琼州海峡。”内涵即：

（1）外国商船在海峡的特殊内水中享有无害通过权，且不应予以停止。按《海洋法公约》第 2 部分第 3 节第 B 分节的规定，此处的商船包括所有商业船舶及用于商业目的的政府船舶。而外国核动力船舶和载运核物质或其他本质上危险或有毒物质的船舶，则根据《海洋法公约》第 2 部分第 3 节第 A 分节中第 23 条的规定，应持有国际协定为这种船舶所规定的证书并遵守国际协定（典型如 1974 年《国际海上人命安全公约》）所规定的特别预防措施。

（2）外国军用船舶在领海和特殊内水享有事先申请批准的无害通过权，按《海洋法公约》第 2 部分第 3 节第 C 分节的规定，此处的军用船舶包括所有军舰及用于非商业目的的政府船舶，而潜水艇属于军舰，除应经批准外还应浮出水面、展示旗帜。

如此修正，一方面，可在国际社会上树立中国公正履行国际法义务的负责任大国的形象，提升中国软实力；另一方面，在发展航运贸易、推动海峡周边地区经济发展方面也具有积极意义；同时还不至于伤害到中国的国家利益，因为摩西拿例外海峡中的不应予以停止的无害通过制本身亦属于无害通过制，只不过《海洋法公约》第 45（2）条规定了它“不应予以停止”而已，除此之外，它与领海中的无害通过并无不同，二者的基因仍相一致（the genetic make - up was the same），[1]海峡沿岸国仍然有权对外国军舰的通过，规定事先通知或申请批准的要求，那么中国规定他国军舰通过前申请批准也不违反国际法。

本书并非妄议 1958 年《关于领海的声明》与 1964 年《外国籍非军用船舶通过琼州海峡管理规则》立法的科学性与权威性，彼时第三次海洋法会议尚未召开，谈何违反该会议达成的《海洋法公约》呢？只是说，在符合《海洋法公约》精神的《海上交通安全法》于 1984 年 1 月 1 日起施行、2016 年 11 月 7 日修改后，

---

〔1〕 Hugo Caminos and Vincent P. Cogliati - antz, *The Legal Regime of Straits: Contemporary Challenges and Solutions*, Cambridge: Cambridge University Press, 2014, p. 473.

它在琼州海峡的通行制度上事实上已修正了前两部法律的规定。

第三节　本章小结

第六章阐释了中国与过境通行的关系问题。

1. 中国过境通行他国海峡的问题

（1）中国常用的国际海峡分布。中国主要的海上贸易通道包括中国—东南亚航线、中国—欧洲航线、中国—美洲航线和中国—澳新航线，其中经过马六甲海峡、龙目海峡、巽他海峡、巴拉巴克海峡、曼德海峡、直布罗陀海峡、吐噶喇海峡等诸多适用过境通行制度的国际海峡。

（2）中国过境通行他国海峡面临的风险研判。美国对中国展开了岛链封锁，构建了北起日韩，中经台湾海峡、南中国海、菲律宾和新加坡，南至澳大利亚的岛链封锁。长期以来，中国的海洋军事力量都局限在“第一岛链”中。国际海峡航行安全存在问题，中国在通过国际海峡中面临的挑战日渐严峻。中国对一些重要海峡的影响力较为有限，中国经常使用的重要国际海峡特别是马六甲海峡、霍尔木兹海峡、直布罗陀海峡、曼德海峡以及日本境内的诸多国际海峡，形势堪忧。

（3）中国过境通行他国海峡的注意点。为了体现负责任的大国精神，中国宜精准适用和遵守过境通行制度的权利和义务。中国军舰、军机径行通过吐噶喇海峡、马六甲海峡等周边用于国际航行的领峡，其实是一种正常行为，有关国家应保持正常心态对待，不宜过度解读。中国希望也应当以国际法为依据，在《海洋法公约》第 3 部分第 2 节的框架下，加强与适用过境通行制度的国际海峡的沿岸国的合作，以增进国际社会共同利益。中国需运用国际法和国内立法解决争端，积极维护包括国际海峡的过境通行权在内的海洋通行权。

2. 过境通行制度适用于中国国内海峡的问题

（1）台湾海峡属于《海洋法公约》第 3 部分之用于国际航行的海峡，它南北两端分别连接南海、东海的专属经济区海域，时至今日，每天约有 400 余艘国际船舶行驶通过、350 余架国际航线飞机飞越。然而它不适用过境通行制度，因为它的中间存在 similar convenience 的专属经济区航道，符合《海洋法公约》第 36 条的规定，属于不同海域适用各自通行制度的国际海峡，其正常内水、特殊内水和领海、专属经济区等三部分海域，分别适用沿岸国的自主决定权、《海洋法公约》第 2 部分第 3 节的“领海的无害通过”、第 5 部分第 58（1）条的航行飞越自由等制度。

（2）国家对琼州海峡通行制度的现行立法主要是如下三部：1958 年《关于领海的声明》、1964 年《外国籍非军用船舶通过琼州海峡管理规则》和 1984 年《海上交通安全法》，其中前两部与后一部存在矛盾之处。琼州海峡符合摩西拿例外海峡的标准，其特殊内水和领海区域应适用不应予以停止的无害通过制。国家立法宜将琼州海峡通行制度的核心内涵明确如下：“琼州海峡属于《海洋法公约》第 45（1）（a）条规定的海峡，外国籍非军用船舶，不得进入琼州海峡内水区域，但在直线基线的效果使原来并未认为是内水的区域除外；外国籍军用船舶，未经中华人民共和国政府批准，不得进入琼州海峡。”

综上，作为海峡使用国与沿岸国双重身份的中国，既享有过境通行他国相关海峡的权利，又不负有过境通行的相关义务。中国宜在国际社会主张和捍卫过境通行制度的应有内涵。

结 语

海峡制度先驱 Brüel 早在 1947 年就提出了极富远见性的观点："即便作为领水的国际海峡在大多方面应等同于领水，但在通行权上，它应与公海相一致。"[1] 这一主张，在第一次海洋法会议上并未得到认可。1958 年《领海及毗连区公约》第 16（4）条将国际海峡通行制度界定为"不得停止外国船舶之无害通过"。国际海峡的无害通过仍被纳入到领海无害通过制度的子范畴之下。第二次海洋法会议未达成任何协议。然而上述箴言在距其提出 30 年后的第三次海洋法会议中发挥了效果：专为继续不停和迅速过境的目的而行使的航行和飞越自由即过境通行制度，在国际社会妥协折中后得以创建。与沿岸国相比，过境通行制度显然更为侧重保障使用国利益。自《海洋法公约》公布后，过境通行制度开始适用于全球范围内诸多国际海峡中。

在创作过程中，对绪论第二节之三所提的五项争论的见解得以明确：就争论一"海峡沿岸国对违反过境义务的船舶和飞机是否有权采取强制执行措施"，本书第二章第一节之一作出了阐释，有理由认为海峡沿岸国并不享有执行管辖权；就争论二"对于作为过境通行适用范围的海峡及其海域的界定"，本书第三章第二节就该制度适用的海峡类型、海峡区域以及典型海峡作出了阐

〔1〕 Erik Brüel, *International Straits: A Treatise on International Law VOL.* Ⅰ, London: Sweet & Maxwell, 1947, p. 234.

述；就争论三“过境通行制度在习惯国际法上的地位”，本书第五章整体作出了肯定性回答；就争论四“中国的台湾海峡是否有特定海域适用过境通行制度”，本书第六章第二节之一作出了回答，认为它属于不同海域适用各自通行制度的国际海峡，没有海域适用过境通行制度；就争论五“UNCLOS 第 36 条、第 38 条等第 3 部分有关条款的理解方面”，本书全文不同部分就第 3 部分的所有条款作出了阐释，如本书第四章第二节主要是对第 36 条的阐释，本书第三章第一节主要是对第 38（1）条的阐释，本书第三章第二节和第三节主要是对第 38（2）条的阐释。

近半个世纪以来，中国对待过境通行的立场发生了根本性转变，由 1972 年的“外国军舰必须事先得到批准，才能通过属于沿岸国领海范围内的海峡”的主张转变为 2006 年的“过境通行制度……应该得到维护”。国家最终是国家利益的代表〔1〕，而国家利益是在变动发展的，因而国家立场的转变也绝非罕见，英国从 17 世纪初主张“海洋控制论”到 18 世纪末主张“海洋自由论”的转变〔2〕，也体现了这一点。但本书无意评价距今 40 多年的国家官方立场，因为彼时有彼时的国际环境与国家利益，但这种转变却也无不时刻昭示着今日之学者：法学没有国界，但法律学人有他自己的祖国。

展望未来，为了所有国家的利益，不论是沿海的还是内陆的，也不论是发达的还是发展中的，促进全球海洋有效管理的趋势，都不会向着各国加强海洋管控发展，而是朝着尊重海洋为人类共同体的方向前进。〔3〕让我们拭目以待。

---

〔1〕 何志鹏、高潮：“国际法视角下的公海海洋保护”，载《甘肃社会科学》2016 年第 3 期，第 179 页。

〔2〕 郑志华、郑溶：“卡尔·施米特海洋秩序观初探”，载《云南大学学报（法学版）》2012 年第 4 期，第 133 页。

〔3〕 Helmut Tuerk, *Reflections on the Contemporary Law of the Sea*, Leidon · Boston: Martinus Nijhoff Publishers, 2012, p. 185.

参考文献

一、中文著作类（按从新到旧排列，下同）

［1］吴士存主编：《国际海洋法最新案例精选》，中国民主法制出版社 2016 年版。

［2］韩燕煦：《条约解释的要素与结构》，北京大学出版社 2015 年版。

［3］王泽林编译：《北极航道加拿大法规汇编》，上海交通大学出版社 2015 年版。

［4］张晏瑲：《海洋法案例研习》，清华大学出版社 2015 年版。

［5］张晏瑲：《国际海洋法》，清华大学出版社 2015 年版。

［6］金永明：《海洋问题时评》（第 1 辑），中央编译出版社 2015 年版。

［7］高之国、贾宇主编：《海洋法动向》，中国民主法制出版社 2015 年版。

［8］贾兵兵：《国际公法：和平时期的解释与适用》，清华大学出版社 2015 年版。

［9］中国海洋学会编：《第十二届军事海洋战略与发展论坛论文集》（上、下），海洋出版社 2015 年版。

［10］［荷］雨果·格劳秀斯：《捕获法》，张乃根等译，上海世纪出版集团 2015 年版。

[11] 王泽林:《北极航道法律地位研究》，上海交通大学出版社 2014 年版。

[12] 屈广清、曲波主编:《海洋法》，中国人民大学出版社 2014 年版。

[13] 张海文编著:《〈联合国海洋法公约〉与中国》，五洲传播出版社 2014 年版。

[14] 高之国、贾宇主编:《海洋法前沿问题研究》，中国民主法制出版社 2014 年版。

[15] 邵津主编:《国际法》，北京大学出版社、高等教育出版社 2014 年版。

[16] 中国海洋学会编:《第十一届军事海洋战略与发展论坛论文集》(上、下)，海洋出版社 2014 年版。

[17] 全国人大常委会法制工作委员会国家法室编:《中国海洋权益维护法律导读》，中国民主法制出版社 2014 年版。

[18] [斐济] 萨切雅·南丹、[以] 沙卜泰·罗森原书主编，吕文正、毛彬中译本主编:《1982 年〈联合国海洋法公约〉评注》(第 2 卷)，海洋出版社 2014 年版。

[19] 朱文奇:《现代国际法》，商务印书馆 2013 年版。

[20] [奥] 凯尔森:《法与国家的一般理论》，沈宗灵译，商务印书馆 2013 年版。

[21] [荷] 雨果·格劳秀斯:《论海洋自由或荷兰参与东印度贸易的权利》，马忠法译，上海世纪出版集团 2013 年版。

[22] 杨泽伟:《国际法析论》，中国人民大学出版社 2012 年版。

[23] 张乃根:《国际法原理》，复旦大学出版社 2012 年版。

[24] 周忠海:《海涓集：国际海洋法文集》，中国政法大学出版社 2012 年版。

[25] [美] 安东尼·达马托:《国际法中习惯的概念》，姜世波译，山东文艺出版社 2013 年版。

［26］［美］美国海军部等：《美国海上行动法指挥官手册（2007 版）》，宋云霞等译，海洋出版社 2012 年版。

［27］北极问题研究编写组编：《北极问题研究》，海洋出版社 2011 年版。

［28］梁芳：《海上战略通道论》，时事出版社 2011 年版。

［29］余民才：《国际法的当代实践》，中国人民大学出版社 2011 年版。

［30］金永明：《海洋问题专论》（第 1 卷），海洋出版社 2011 年版。

［31］杨泽伟主编：《中国海上能源通道安全的法律保障》，武汉大学出版社 2011 年版。

［32］高之国、贾宇、张海文主编：《国际海洋法问题研究》，海洋出版社 2011 年版。

［33］杨泽伟：《国际法史论》，高等教育出版社 2011 年版。

［34］梁西原著主编，曾令良修订主编：《国际法》，武汉大学出版社 2011 年版。

［35］鞠海龙：《中国海权战略》，时事出版社 2010 年版。

［36］黄异：《海洋与法律》，新学林出版股份有限公司 2010 年版。

［37］傅崐成等编译：《弗吉尼亚大学海洋法论文三十年精选集（1977－2007）》，厦门大学出版社 2010 年版。

［38］李兵：《国际战略通道问题研究》，当代世界出版社 2009 年版。

［39］任筱锋：《海上军事行动法手册（平时法卷）》，海潮出版社 2009 年版。

［40］华敬炘：《海洋法学教程》，中国海洋大学出版社 2009 年版。

［41］郭培清等：《北极航道的国际问题研究》，海洋出版社 2009 年版。

［42］陈德恭：《现代国际海洋法》，海洋出版社 2009 年版。

［43］周鲠生：《国际法》（上、下），武汉大学出版社 2009 年版。

［44］高之国、张海文、贾宇主编：《国际海洋法发展趋势研究》，海洋出版社 2007 年版。

［45］高之国、张海文主编：《海洋国策研究文集》，海洋出版社 2007 年版。

［46］鞠海龙：《亚洲海权地缘格局论》，中国社会科学出版社 2006 年版。

［47］张海文主编：《〈联合国海洋法公约〉释义集》，海洋出版社 2006 年版。

［48］中国现代国际关系研究院海上通道安全课题组：《海上通道安全与国际合作》，时事出版社 2005 年版。

［49］鞠海龙：《中国海上地缘安全论》，中国环境科学出版社 2004 年版。

［50］姜皇池：《国际海洋法》（上册），学林文化事业有限公司 2004 年版。

［51］高健军：《中国与国际海洋法——纪念〈联合国海洋法公约〉生效十周年》，海洋出版社 2004 年版。

［52］傅崐成：《海洋管理的法律问题》，文笙书局 2003 年版。

［53］李浩培：《条约法概论》，法律出版社 2003 年版。

［54］黄瑶：《论禁止使用武力原则——联合国宪章第二条第四项法理分析》，北京大学出版社 2003 年版。

［55］［德］沃尔夫刚·格拉夫·魏智通主编：《国际法》，吴越、毛晓飞译，法律出版社 2002 年版。

［56］国家海洋局海域管理司编：《国外海洋管理法规选编》，海洋出版社 2001 年版。

［57］尹章华编：《海洋法概要》，文笙书局 1998 年版。

[58] 朱奇武:《中国国际法的理论与实践》, 法律出版社 1998 年版。

[59] 王铁崖:《国际法引论》, 北京大学出版社 1998 年版。

[60] [美] 马汉:《海权论》, 萧伟中、梅然译, 中国言实出版社 1997 年版。

[61] 赵理海:《海洋法问题研究》, 北京大学出版社 1996 年版。

[62] 张玉生:《美国海洋政策》, 台北黎明文化事业公司 1992 年版。

[63] 傅崐成:《国际海洋法——衡平划界论》, 三民书局 1992 年版。

[64] [美] 汉斯·凯尔森:《国际法原理》, 王铁崖译, 华夏出版社 1989 年版。

[65] [英] 劳特派特修订:《奥本海国际法 (第一卷)》, 王铁崖、陈体强译, 商务印书馆 1989 年版。

[66] 魏敏主编:《海洋法》, 法律出版社 1987 年版。

[67] 丘宏达主编:《现代国际法》, 三民书局 1986 年版。

[68] 刘楠来等:《国际海洋法》, 海洋出版社 1986 年版。

[69] 陈致中选编:《国际法案例选》, 陈致中、李斐南译, 法律出版社 1986 年版。

[70] 李长久、卢云亭编著:《海峡》, 海洋出版社 1980 年版。

[71] 北京大学法律系国际法教研室编:《海洋法资料汇编》, 人民出版社 1974 年版。

[72] [英] 希金斯、哥伦伯斯:《海上国际法》, 王强生译, 法律出版社 1957 年版。

二、英文著作类

[73] Suzanne Lalonde and Ted L. McDorman, *International Law*

and Politics of the Arctic Ocean, Leiden · Boston: Brill Nijhoff, 2015.

[74] Bill Hayton, *The South China Sea : the struggle for power in asia*, New Haven and London: Yale University Press, 2014.

[75] Oystein Jensen, *The Commission on the Limits of the Continental Shelf: Law and Legitimacy*, Leiden · Boston: Brill Nijhoff, 2014.

[76] S. Jayakumar, Tommy Koh and Robert Beckman, *The South China Disputes and Law of the Sea*, Singapore NUS centre for international law, 2014.

[77] David D. Caron and Nilufer Oral, *Navigating Straits: Challenges for International Law*, Leiden · Boston: Brill Nijhoff, 2014.

[78] Hugo Caminos and Vincent P. Cogliati – antz, *The Legal Regime of Straits: Contemporary Challenges and Solutions*, Cambridge: Cambridge University Press, 2014.

[79] Donald R. Rothwell, *Law of the Sea*, Cheltenham · MA: Edward Elgar Pub, 2013.

[80] Igor V. Karaman, *Dispute Resolution in the Law of the Sea*, Leiden · Boston: Martinus Nijhoff Publishers, 2012.

[81] Helmut Tuerk, *Reflections on the Contemporary Law of the Sea*, Leidon · Boston: Martinus Nijhoff Publishers, 2012.

[82] George K. Walker, *Definitions for the Law of the Sea*, Leiden · Boston: Martinus Nijhoff Publishers, 2012.

[83] M. Nordquist, S. N. Nandan and James Kraska, *United Nations Convention on the Law of the Sea* 1982: *A Commentary*, Volume VII, Leiden: Martinus Nijhoff Publishers, 2011.

[84] David Harris, *Cases and Materials on International Law*, Seventh Edition, London: Sweet & Maxwell, 2010.

[85] E. Wilcox, *Digest of United States Practice in International Law* 2008, Oxford: International Law Institute, 2010.

[86] Ana G. López Martín, *International Straits: Concept, Classification and Rules of Passage*, Berlin: Springer, 2010.

[87] Louis B. Sohn, Kristen Gustafson Juras, John E. Noyes and Erik Franckx, *Law of the Sea in a nutshell*, Eagan: West Publishing Company, 2010.

[88] Seoung – Yong Hong and Jon M. Van Dyke, *Martime Boundary Disputes: Settlement Processes and the Law of the Sea*, Hague: Martinus Nijhoff Publishers, 2009.

[89] M. E. Villiger, *Commentary on the* 1969 *Vienna Convention on the Law of Treaties*, Boston: Nijhoff, 2009.

[90] I. Brownlie, *Principles of Public International Law*, Oxford: Oxford University Press, 2008.

[91] Mary George, *Legal Regime of the Straits of Malacca and Singapore*, Singapore: LexisNexis, 2008.

[92] David Anderson, *Modern Law of the Sea: Selected Essays*, Leiden · Boston: Martinus Nijhoff Publishers, 2008.

[93] M. J. Kachel, *Particularly Sensitive Sea Areas: The IMO's Role in Protecting Vulnerable Marine Areas*, Berlin: Springer, 2008.

[94] Anastasia Straiti, *Maria Govouneli and Nikolaos Skourtos, Unresolved Issues and New Challenges to the Law of the Sea*, Leiden · Boston: Martinus Nijhoff Publishers, 2006.

[95] Tore Henriksen, *Geir Honneland and Are Sydnes: Law and Politics in Ocean Governance*, Leiden · Boston: Martinus Nijhoff Publishers, 2005.

[96] R. Douglas Brubaker, *The Russian Arctic Straits*, Leiden: Martinus Nijhoff Publishers, 2005.

[97] Bryan A. Garner, *Black's Law Dictionary* , Eighth Edi-

tion, Minnesota: West Group, 2004.

[98] Budislav Vukas, *The Law of the Sea: Selected Writings*, Leiden · Boston: Martinus Nijhoff Publishers, 2004.

[99] Hugo Grotius, *The Free Sea*, Indianapolis: Liberty Fund Inc, 2004.

[100] Nuno Marques Antunes, *Towards the Conceptualisation of Maritime Delimitation: Legal and Technical Aspects of a Political Process*, Leiden · Boston: Martinus Nijhoff Publishers, 2003.

[101] Simon Marr, *The Precautionary Principle in the Law of the Sea*, Hague: Martinus Nijhoff Publishers, 2003.

[102] Robert Kolb, *Case Law on Equitable Maritime Delimitation/Jurisprudence Sur Les Delimitations Maritimes Selon Lequite*, Hague · London · New York: Martinus Nijhoff Publishers, 2002.

[103] Nihan ünlü, *The Legal Regime of the Turkish Straits*, Hague: Martinus Nijhoff Publishers, 2002.

[104] Mark J. Vaiencia, *Maritime Regime Building: Lessons Learnek and Their Relevance for Northeast Asia*, Hague · Leiden · Boston: Martinus Nijhoff Publishers, 2001.

[105] Tullio Scovazzi, *The Evolution of International Law of the Sea: New Issues, New Challenges*, The Hague: Matinus Nijhoff, 2001.

[106] Donald R. Rothwell and Sam Bateman, *Navigational Rights and Freedoms and the New Law of the Sea*, Hague: Martinus Nijhoff Publishers, 2000.

[107] Robin Rolf Churchill and Alan Vaughan Lowe, *The Law of the Sea*, Huntington: Juris Publishing, 1999.

[108] Bing Bing Jia, *The Regime of Straits in International Law*, Oxford: Clarendon Press, 1998.

[109] Mark J. Valencia, Jon M. Van Dyke and Noel A. Ludwig,

Sharing the Resources of the South China Sea, Hague · Leiden · Boston: Martinus Nijhoff Publishers, 1997.

[110] Peter Bautists Payoyo, *Cries of the Sea: World Inequality, Sustainable Development and the Common Heritage of Humanity*, Hague: Brill Nijhoff, 1997.

[111] Tullio Treves and Laura Pineschi, *The Law of the Sea: The European Union and its Member States*, Hague: Martinus Nijhoff Publishers, 1997.

[112] S. N. Nandan and Shabtai Rosenne, *United Nations Convention on the Law of the Sea* 1982: *A Commentary*, Dordrecht: Nijhoff, 1993.

[113] Michael A. Morris, *The Strait of Magellan*, Dordrecht and Boston: Nijhoff, 1989.

[114] Cynthia Lamson and David L. Vanderzwaag, *Transit Management in the Northwest Passage: Problems and Prospects*, Cambridge: Cambridge University Press, 1988.

[115] Donat Pharand, *Canada's Arctic Waters in International Law*, Cambridge: Cambridge University Press, 1988.

[116] David Joseph Attard, *The Exclusive Economic Zone in International Law*, Oxford: Clarendon Press, 1987.

[117] Kheng – Lian Koh, *Straits in International Navigation: Contemporary Issues*, New York: Oceana Publications, 1982.

[118] Renate Platzoder, *Third United Nations Conference on the Law of the Sea: Documents*, New York: Oceana Publications, 1982.

[119] O' Connell, *The International Law of the Sea VOL.* Ⅰ, New York: Clarendon Press, 1982.

[120] L. C. Green, *Internationa Law through the Cases*, Toronto: Carswell Company Limited, 1978.

[121] Ram Prakash Anand, *Law of the Sea: Caracas and Be-*

yond, Kalkaji: Radiant Publishers, 1978.

[122] Erik Brüel, *International Straits: A Treatise on International Law*, VOL. Ⅰ, London: Sweet & Maxwell, 1947.

三、中文论文类

[123] 谈谭:“俄罗斯北极航道国内法规与《联合国海洋法公约》的分歧及化解途径”，载《上海交通大学学报（哲学社会科学版)》2017 年第 1 期。

[124] 史春林、李秀英:“中国舰船在宫古海峡航行安全保障研究”，载《东北亚论坛》2017 年第 1 期。

[125] 郭思雯:“由国际海洋法论海上丝绸之路的挑战”，载《辽宁省法学会海洋法学研究会 2016 年学术年会论文集》。

[126] 江河:“海洋法的特性演变与中国的海洋权益——以海洋基本属性为框架的研究与建议”，载《人民论坛 · 学术前沿》2016 年第 23 期。

[127] 杨瑛:“科孚海峡案涉及的无害通过权的法律问题分析”，载《理论月刊》2016 年第 8 期。

[128] 马金星:“南海航行安全中国家管辖权的冲突与协调”，载《社会科学辑刊》2016 年第 6 期。

[129] 张卫华:“我国南海水域的航行自由”，载《海南大学学报（人文社会科学版)》2016 年第 6 期。

[130] 刘丹:“论《联合国海洋法公约》第 298 条‘任择性例外’——兼评南海仲裁案中的管辖权问题”，载《国际法研究》2016 年第 6 期。

[131] 李人达:“论北极航道途经有关海峡的航行飞越制度”，载《新东方》2016 年第 6 期。

[132] 贾兵兵:“驳美国国务院《海洋疆界》第 143 期有关南海历史性权利论述的谬误”，载《法学评论》2016 年第 4 期。

[133] 韩立新、宋思昆:“北极海域的国际法规制及对中国

利用北极航线的影响”，载《中国海商法研究》2016 年第 3 期。

[134] 郑雷：“北极东北航道：沿海国利益与航行自由”，载《国际论坛》2016 年第 2 期。

[135] 张芷凡：“论‘海上丝绸之路’推进中的安全风险与法律应对——以构建海上通道安全合作机制为视角”，载《南海学刊》2016 年第 2 期。

[136] 李人达、张丽娜：“论《联合国海洋法公约》中‘保留’与‘例外’之适用”，载《南洋问题研究》2016 年第 2 期。

[137] 曹文振、李文斌：“航行自由：中美两国的分歧及对策”，载《国际论坛》2016 年第 1 期。

[138] 张国斌：“无害通过制度研究”，华东政法大学 2015 年博士学位论文。

[139] 马得懿：“海洋航行自由的体系化解析”，载《世界经济与政治》2015 年第 7 期。

[140] 郭红岩：“论西北航道的通行制度”，载《中国政法大学学报》2015 年第 6 期。

[141] 张磊：“论国家主权对航行自由的合理限制——以‘海洋自由论’的历史演进为视角”，载《法商研究》2015 年第 5 期。

[142] 曲波：“国际法上的历史性权利”，载《吉林大学社会科学学报》2015 年第 5 期。

[143] 贾兵兵：“第 281 条：《联合国海洋法公约》中的‘超级’条款?”，载《当代法学》2015 年第 5 期。

[144] 林奕宏：“国际石油运输‘咽喉’海峡溢油应急反应合作机制研究”，载《理论界》2015 年第 3 期。

[145] 童伟华：“我国使用的国际战略海峡航行利益维护对策”，载《河南财经政法大学学报》2015 年第 3 期。

[146] 袁发强：“国家安全视角下的航行自由”，载《法学研究》2015 年第 3 期。

[147] 吴慧、张丹："我国海洋安全面临的问题、形势和立法建议"，载《中国信息安全》2015 年第 3 期。

[148] 宋可："过境通行制度下国际海峡环境保护的合作"，载《法大研究生》2015 年第 2 期。

[149] 徐祥民："走出国际法范畴的海洋法——服务于我国海洋基本法建设的思考"，载《山东大学学报（哲学社会科学版)》2015 年第 1 期。

[150] 梁明、陈柔笛："中国海上贸易通道现状及经略研究"，载《国际经济合作》2014 年第 11 期。

[151] 程欣等："中国铁矿石进口市场结构与需求价格弹性分析"，载《资源科学》2014 年第 9 期。

[152] 杨光海、严浙："南海航行自由问题的理性思考"，载《新东方》2014 年第 5 期。

[153] 白佳玉："我国科考船北极航行的国际法问题研究"，载《政法论坛》2014 年第 5 期。

[154] 王斌传："日本介入马六甲海峡安全事务的主要特点"，载《福州大学学报（哲学社会科学版)》2014 年第 4 期。

[155] 李洁宇："《联合国海洋法公约》的'自由'精神"，载《新东方》2014 年第 4 期。

[156] 张小奕："试论航行自由的历史演进"，载《国际法研究》2014 年第 4 期。

[157] 齐明等："中国未来原油进口的多元化分析"，载《资源科学》2014 年第 3 期。

[158] 李居迁："防空识别区：剩余权利原则对天空自由的限制"，载《中国法学》2014 年第 2 期。

[159] 黎辉辉："论习惯国际法中的'国家实践'"，载《法大研究生》2014 年第 1 期。

[160] 文铂："马六甲海峡通行制度及其管理"，载《国际研究参考》2013 年第 8 期。

[161] 邹立刚、王崇敏："适用于南海的航行和飞越制度研究"，载《当代法学》2013 年第 6 期。

[162] 吴少杰、李晔："美国自由通过和飞越国际海峡政策研究（1968—1982）"，载《世界历史》2013 年第 3 期。

[163] Mohd Hazmi bin Mohd Rusli："在用于国际航行的海峡实施成本回收机制的法律可行性：基于马六甲和新加坡海峡的研究"，载《中国海洋法学评论（中英文版）》2013 年卷第 2 期。

[164] 邹克渊："《联合国海洋法公约》实施中的若干新问题"，载《中山大学法律评论》2013 年第 2 期。

[165] 管松："争议海域内航行权与海洋环境管辖权冲突之协调机制研究——以南中国海为例"，厦门大学 2012 年博士学位论文。

[166] 白佳玉："北极航道利用的国际法问题探究"，载《中国海洋大学学报（社会科学版）》2012 年第 6 期。

[167] 那力、杨楠："'国际法治'：一个方兴未艾、需要探讨的主题"，载《法理学论丛》2012 年第 6 卷。

[168] 罗国强："理解南海共同开发与航行自由问题的新思路——基于国际法视角看南海争端的解决路径"，载《当代亚太》2012 年第 3 期。

[169] 曲波："历史性权利在《联合国海洋法公约》中的地位"，载《东北师大学报（哲学社会科学版）》2012 年第 3 期。

[170] 韩立新、王大鹏："中国在北极的国际海洋法律下的权利分析"，载《中国海商法研究》2012 年第 3 期。

[171] 仲光友、李莉："无害通过制与过境通行制的区别"，载《政工学刊》2012 年第 2 期。

[172] 江淮："从宫古海峡看中国军舰的航行自由问题"，载《世界知识》2011 年第 19 期。

[173] 张湘兰、张芷凡："现状与展望：全球治理维度下的海上能源通道安全合作机制"，载《江西社会科学》2011 年第

9 期。

[174] 罗保华："论平时海上军事行动中《联合国海洋法公约》的运用"，载《法学杂志》2011 年第 3 期。

[175] Joshua Owens、邓云成："论白令海峡的法律地位"，载《中国海洋法学评论》2011 年第 2 期。

[176] 吴卡："条约规则如何成为一般习惯法——以《海洋法公约》为考察重点"，载《北京科技大学学报（社会科学版）》2011 年第 2 期。

[177] 阎铁毅："北极航道所涉及的现行法律体系及完善趋势"，载《学术论坛》2011 年第 2 期。

[178] 刘新山、郑吉辉："群岛水域制度与印度尼西亚的国家实践"，载《中国海商法年刊》2011 年第 1 期。

[179] 郑雷："论中国对专属经济区内他国军事活动的法律立场——以'无暇号'事件为视角"，载《法学家》2011 年第 1 期。

[180] 张杰："成本规避与印尼和马来西亚在打击马六甲海峡武装抢劫犯罪上合作形式的选择（1998—2008）"，复旦大学 2010 年博士学位论文。

[181] 李志文、高俊涛："北极通航的航行法律问题探析"，载《法学杂志》2010 年第 11 期。

[182] 吴慧、张丹："当前我国海洋安全形势及建议"，载《国际关系学院学报》2010 年第 5 期。

[183] 于昕："马六甲海峡法律环境初探"，载《中国海洋大学学报（社会科学版）》2010 年第 3 期。

[184] 郭培清、管清蕾："探析俄罗斯对北方海航道的控制问题"，载《中国海洋大学学报（社会科学版）》2010 年第 2 期。

[185] 白中红："论海上能源通道安全的国际法基础"，载《太平洋学报》2009 年第 12 期。

[186] 姜世波："习惯法形成中的法律确信要素——以习惯

国际法为例”，载谢晖、陈金钊主编：《民间法》（第8卷），山东人民出版社2009年版。

［187］管建强：“美国无权擅自在中国专属经济区从事‘军事测量’——评‘中美南海摩擦事件’”，载《法学》2009年第4期。

［188］姜世波：“习惯国际法的司法确定”，山东大学2009年博士学位论文。

［189］王苏君：“国际海域通行制度之比较”，载《东南大学学报（哲学社会科学版）》2007年第S2期。

［190］迎南、李杰：“浅谈海峡通过制度”，载《现代军事》2007年第5期。

［191］沈丽枝：“台湾海峡航行制度之研究”，台湾海洋大学2006年硕士学位论文。

［192］申海亮：“用于国际航行的海峡的过境通行制度评析——以科孚海峡案为例”，载《“决策论坛——管理决策模式应用与分析学术研讨会”论文集（上）》2006年8月。

［193］江河：“和平解决东海争端法律研究”，载《法学评论》2006年第5期。

［194］马忠法：“《海洋自由论》与格老秀斯国际法思想的起源和发展”，载《比较法研究》2006年第4期。

［195］傅崐成、刘先鸣：“台湾海峡船源污染法律问题刍议”，载《中国海洋法学评论》2006年第1期。

［196］乐毅骏：“我国海军远航训练支队出访所涉及平时海洋法之实务”，台湾政治大学2005年博士学位论文。

［197］李兵：“国际战略通道研究”，中共中央党校2005年博士学位论文。

［198］张露藜：“国家豁免专论”，中国政法大学2005年博士学位论文。

［199］任筱锋：“专属经济区和海峡水道”，载《当代军事

文摘》2005 年第 12 期。

［200］赵建文："论《联合国海洋法公约》缔约国关于军舰通过领海问题的解释性声明"，载《中国海洋法学评论》2005 年第 2 期。

［201］马忠法："《海洋自由论》及其国际法思想"，载《复旦学报（社会科学版）》2003 年第 5 期。

［202］黄忠成："台湾海峡之航行制度"，载台湾《军法专刊》2002 年第 10 期。

［203］王军敏："条约规则成为一般习惯法"，载《法学研究》2001 年第 3 期。

［204］洪笃荣："国际海峡制度理论与实践之研究——兼论台湾海峡之法律制度"，台湾海洋大学 2000 年硕士学位论文。

［205］胡增祥、马英杰、刘居艳："论船舶海上通行权的法律制约"，载《青岛海洋大学学报（社会科学版）》2000 年第 2 期。

［206］余民才："浅论用于国际航行的海峡的概念"，载《中外法学》1998 年第 2 期。

［207］邵津："'银河号'事件的国际法问题"，载《中外法学》1993 年第 6 期。

［208］李红云："国际海峡的通行制度"，载《海洋与海岸带开发》1991 年第 1 期。

［209］邵津："关于外国军舰无害通过领海的一般国际法规则"，载《中国国际法年刊：1989 年卷》，法律出版社 1990 年版。

［210］李令华："简述日本的海洋政策"，载《海洋与海岸带开发》1988 年第 4 期。

［211］罗祥文："国际法上的海峡通行制度"，载《北京大学学报（哲学社会科学版）》1986 年第 4 期。

［212］陈致中："领海'无害通过权'在实践上的几个问题"，载《中山大学学报（社会科学版）》1982 年第 2 期。

四、英文论文类

［213］James Kraska, "The Northern Canada Vessel Traffic Services Zone Regulations (NORDREG) and the Law of the Sea", *The International Journal of Marine and Coastal Law*, 2015 (30).

［214］Rashad A. Kurbanov, "Legal Regulation of the Subsoil Use in Arctic Region", *Mediterranean Journal of Social Sciences*, 2015 (3).

［215］Jeanine B. Womble, " Freedom of Navigation, Environmental Protaction, and Compulsory Pilotage in Straits Used for International Navigation", *Naval Law Review*, 2012 (61).

［216］Mary George and Stefano G. A. Draisma, "A Note on and a Proposal with Respect to the Transportation of Nuclear Cargoes in International Straits", *Ocean Development and Internationsal Law*, 2012 (43).

［217］Edwin E Egede, "International Straits, Compulsory Pilotage and the Protection of the Marine Environment", *Sixth International Colloquium on New Uses of the Sea*, 2010.

［218］Jon M. Van Dyke, "Transit Passage Through International Straits", *The Future of Ocean Regime – Building*, 2009.

［219］Matt Roston, "The Northwest Passage's Emergence as an International Highway", *Southwestern Journal of International Law*, 2009 (15).

［220］B. H. Oxman, "Centennial Essay: The Territorial Temptation: A Siren Song at Sea", *American Journal of International Law*, 2006 (100).

［221］Nilufer Oral, "Straits Used in International Navigation, Used Fees and Article 43 of the 1982 Law of the Sea Convention", *Oceans Yearbook*, 2006 (20).

[222] Stephen J. Guerra, "Going Coastal: The US Freedom of Navigation Program as A Test of International Law's Relevance to Security Affairs", Washington: Georgetown University, 2002.

[223] Alex G. Oude Elferink, "The Regime of Passage through the Danish Straits", *International Journal of Marine and Coastal Law*, 2000 (15).

[224] B. H. Oxman, "Transit of Straits and Archipelagic Waters by Military Aircraft", *Singapore Journal of International and Comparative Law*, 2000 (4).

[225] Milen Dyoulgerov, "Navigating the Bosporus and the Dardanelles: A Test for the International Community", *International Journal of Marine and Coastal Law*, 1999 (14).

[226] B. H. Oxman, "Observations on the Interpretation and Application of Article 43 of the United Nations Convention of the Law of the Sea with Particular Reference to the Straits of Malacca and Singapore", *Singapore Yearbook of International Law*, 1999 (3).

[227] S. N. Nandan, "The provisions on Straits Used for International Navigation in the 1982 United Nations Convention on the Law of the Sea", *Singapore Journal of International and Comparative Law*, 1998 (393).

[228] G. Aybay and N. Oral, "Turkeyis Authority to Regulate Passage of Vessels through the Turkish Straits", *Perceptions*, 1998 (3).

[229] Martti Koskenniemi, "Case Concerning Passage through the Great Belt", *Ocean Development and International Law*, 1996 (27).

[230] Maria Teresa Infante, "Straits in Latin America: The Case of the Strait of Magellan", *Ocean Development and International Law*, 1995 (26).

[231] Donald R. Rothwell, "The Canadian – U. S. Northwest Passage Dispute: A Reassessment", *Cornell International Law Journal*, 1993 (26).

[232] M. L. Pal and G. Gotteche – Wanli, "Proposed Usage and Management of the Fund Part Ⅳ: Funding and Managing International Partnerships", *Singapore Yearbook of International Law*, 1993 (3).

[233] William L. Schachte and Jr., "International Straits and Navigation Freedoms", *Virginia Journal of International Law*, 1993 (Spring).

[234] S. N. Nandan and D. H. Anderson, "Straits Used for International Navigation: A Commentary on Part Ⅲ of the United Nations Convention on the Law of the Sea 1982", *British Yearbook of International Law*, 1989 (60).

[235] V. D. Bordunov, "The Right of Transit Passage under the 1982 Convention", *Marine Policy*, 1988 (12).

[236] Nicholas C. Howson, "Breaking the Ice: The Canadian – American Dispute over the Arctic's Northwest Passage", *Columbia Journal of Transnational Law*, 1987 – 1988 (26).

[237] Hugo Caminos, "The Legal Regime of Straits in the 1982 United Nations Convention on the Law of the Sea", *Recueil des cours*, 1987 (205).

[238] T. T. B. Koh, "The Territorial Sea, Contiguous Zone, Straits and Archipelagoes under the 1982 Convention on the Law of the Sea", *Malaya Law Review*, 1987 (29).

[239] Lewis M. Alexander, "Exceptions to the Transit Passage Regime: Straits with Routes of Similar Convenience", *Ocean Development and Internationsal Law*, 1987 (18).

[240] David L. Larson, "Innocent, Transit, and Archipelagic Sea Lanes Passage", *Ocean Development and International Law*, 1987

(18).

[241] Richard J. Grunawalt, "The Law of the Sea: What Lies Ahead? Proceedings of the 20th Conference of the Law of the Sea Institute", *Honolulu: University of Hawaii*, 1986.

[242] B. H. Oxman, " The Regime of Warships under the United Nations Convention ong the Law of the Sea", *Virginia Journal of International Law*, 1984 (24).

[243] Horace B. Robertson and Jr, "Passage Through International Straits: A Right Preserved in the Third United Nations Conference on the Law of the Sea", *Virginia Journal of International Law*, 1980 (4).

[244] John Norton Moore, "The Regime of Straits and the Third United Nations Conference on the Law of the Sea", *American Journal of International Law*, 1980 (1).

[245] J. R. Stevenson and B. H. Oxman, "The preparation for the Law of the Sea Conference", *American Journal of International Law*, 1974 (68).

[246] Donat Pharand, "Soviet Union Warns United States Against Use of Northeast Passage", *American Journal of International Law*, 1968 (4).

[247] G. Fitzmaurice, "Some Results of the Geneva Conference on the Law of the Sea: Part I – The Terretorial Sea and Contiguous Zone and Related Topics", *International and Comparative Law Quarterly*, 1959 (8).

五、中文报纸类

[248] 白佳玉:"北极航行:需多维度分析法律对策",载《中国海洋报》2016 年 11 月 16 日,第 2 版。

[249] 李人达:"中国军舰依法驶过海峡,日方何必庸人自

扰”，载《中国海洋报》2016 年 11 月 2 日，第 2 版。

［250］赵成：“美式‘航行自由’冲击国际海洋秩序”，载《人民日报》2016 年 7 月 27 日，第 2 版。

［251］刘志强：“我国始终追求维护南海船舶航行安全”，载《人民日报》2016 年 7 月 11 日，第 6 版。

［252］王翰灵、彭思庠、郑雅冉：“中国军舰通过吐噶喇海峡‘无害通过’还是‘过境通行’”，载《中国海洋报》2016 年 6 月 24 日，第 3 版。

［253］杨志荣、萧锋：“航行自由绝不是‘军事活动自由’”，载《解放军报》2016 年 5 月 12 日，第 8 版。

［254］韩爱勇：“南海‘航行自由’问题中的两类规则”，载《学习时报》2016 年 4 月 25 日，第 2 版。

［255］张小奕：“实现中美在南海航行自由的共同利益”，载《中国海洋报》2016 年 4 月 12 日，第 A2 版。

［256］管建强：“海洋秩序进步，海洋法也需与时俱进”，载《解放日报》2015 年 11 月 29 日，第 4 版。

［257］胡波：“论中国的重要海洋利益”，载《中国海洋报》2015 年 10 月 27 日，第 3 版。

［258］白续辉：“中国海洋战略的时代背景”，载《中国社会科学报》2015 年 9 月 17 日，第 3 版。

［259］赵丽：“海洋强国建设待综合性法律护航”，载《法制日报》2015 年 7 月 10 日，第 4 版。

［260］兰圣伟：“海洋法律法规体系建设亟待补齐‘短板’”，载《中国海洋报》2015 年 3 月 9 日，第 1 版。

［261］徐冬根：“国际法视野下的海上丝绸之路”，载《光明日报》2014 年 12 月 14 日，第 8 版。

［262］冯蕾：“北极航道：开辟世界航运新格局”，载《光明日报》2014 年 9 月 19 日，第 010 版。

［263］杜朝平：“日本无权干扰我舰机航行自由”，载《中

国国防报》2013 年 7 月 30 日，第 2 版。

[264] 高兰："中国：积极维护海上通道安全"，载《文汇报》2012 年 12 月 3 日，第 6 版。

[265] 梅宏、吉克："完善《公约》第 43 条实现共惠海峡目标"，载《中国海洋报》2012 年 11 月 21 日，第 A4 版。

[266] 薛桂芳："我应制定维护海洋权益全方位战略"，载《经济参考报》2012 年 9 月 26 日，第 6 版。

[267] 刘俊："霍尔木兹海峡牵动油运市场'神经'"，载《中国水运报》2012 年 2 月 10 日，第 6 版。

[268] 李星光："军舰如何通过海峡"，载《解放军报》2009 年 2 月 25 日，第 6 版。

六、国际案例与文件类

[269] International Tribunal for the Law of the Sea: *The ARA Libertad Case* (*Argentina v. Ghana*), 2012.

[270] International Court of Justice: *PASSAGE THROUGH THE GREAT BELT* (*Finland v. Denmark*), 1991.

[271] International Court of Justice: *North Sea Continental Shelf*, (*Federal Republic of Germany/Netherlands & Federal Republic of Germany/Denmark*), 1967.

[272] International Court of Justice: *FISHERIES* (*United Kingdom v. Norway*), 1949.

[273] International Court of Justice: *THE CORFU CHANNEL CASE* (*United Kingdom of Great Britain and Northern Ireland v. Albania*), 1947.

[274] International Law Association London Conference (2000), Statement Of Principles Applicable To The Formation Of General Customary International Law.

[275] Yearbook of the International Law Commission, 1973,

Vol. Ⅱ.

[276] Yearbook of the International Law Commission 1966, Vol. Ⅱ.

[277] Yearbook of the International Law Commission, 1956, Vol. Ⅱ.

[278] Yearbook of the International Law Commission, 1955, Vol. Ⅰ.

[279] Yearbook of the International Law Commission, 1954, Vol. I.

[280] United Nations Document: A/63/63/, 2008.

[281] United Nations Document: A/CONF. 62/122, 1982.

[282] United Nations Document: A/CONF. 62/L. 109, 1982.

[283] United Nations Document: A/CONF. 62/WP. 10/Rev. 3, 1980.

[284] United Nations Document: A/CONF. 62/WP. 10/Rev. 2, 1980.

[285] United Nations Document: A/CONF. 62/WP. 10/Rev. 1, 1979.

[286] United Nations Document: A/CONF. 62/WP. 10, 1977.

[287] United Nations Document: A/CONF. 62/WP. 8/Rev. 1/PartII, 1976.

[288] United Nations Document: A/CONF. 62/WP. 8/PartII, 1975.

[289] United Nations Document: A/CONF. 62/33, 1974.

[290] United Nations Document: A/CONF. 62/C. 2/L. 20, 1974.

[291] United Nations Document: A/CONF. 62/C. 2/L. 19, 1974.

[292] United Nations Document: A/CONF. 62/C. 2/L. 16, 1974.

[293] United Nations Document: A/CONF. 62/C. 2/L. 11, 1974.

[294] United Nations Document: A/CONF. 62/C. 2/L. 6, 1974.

[295] United Nations Document：A/CONF. 62/C. 2/L. 3，1974.

[296] United Nations Document：A/AC. 138/SC. Ⅱ/L. 1Q8，1973.

[297] United Nations Document：A/AC. 138/SC. II/L. 30，1973.

[298] United Nations Document：A/CONF. 13/C. 1/L. 71，1958.

[299] United Nations Document：A/CONF. 13/C. 1/L. 56，1958.

[300] United Nations Document：A/CONF. 13/C. 1/SR. 31 – 35，1958.

[301] United Nations Document：A/Conf. 13/6 and Add. 1，1958.

七、主要查询网站

[302] 联合国，http：//www. un. org/en/index. html.

[303] 国际法院，http：//www. icj – cij. org/homepage/index. php？ lang = en.

[304] 国际海洋法法庭，https：//www. itlos. org/en/top/home.

[305] 常设仲裁法院，https：//pca – cpa. org/en/home/.

[306] 国际法委员会，http：//legal. un. org/ilc/.

[307] 国际法协会，http：//www. ila – hq. org/.

[308] 中国外交部官网等多国立法机关和行政机关官方网站。

[309] 维基百科网站，https：//en. wikipedia. org/wiki/Wiki.

致　谢

四月维夏，山有嘉卉，书房沁满茉莉香，仿佛这幽香恰为辛苦三年之慰藉。凝心撰写的博士论文出版在即，喜悦而又平静。当面临万千挑战时亦坚信：虽说学海无涯苦作舟，但自有欢欣在研途。

第一，学术根基得夯实。师父邹立刚教授指导务必严谨。三年来我最心惊胆战的事，不是博士论文选题的四易其稿，不是每次被C刊退稿时的焦虑，而是手机邮箱收他来信时的铃音，这一铃音让我明白了“Duang”字的坠入。师父指导论文，意见一轮接一轮，每轮十几个，哪怕是一篇用于发表的小论文，也都不下几十条意见。博士论文更是百般淬炼，特别是到了后期修改阶段，每每牵一发而动全身，极易顾头不顾尾，为此不得不谨小慎微、反复查看，即便如此，后来答辩时仍备受“摧残”。修改中，有时敝帚自珍而删不得，有时苦思冥想而增不得，有时查阅万千而找不得，有时绞尽脑汁而又思不得，但过后方知文笔提升之不易，前后对照，欢欣宛如“更上一层楼”。教不严师之惰，也让我终于明白了爱之深才会责之切。师父助我不断打牢学术根基。

第二，学术灵感得启迪。张丽娜教授是海大本校的两位海洋法博导之一，我们课在一起上、会在一起开、seminar 在一起做、论文也是在一起指导，所以虽说她不是我学籍上的博导，但亦是我学术上的博导。张老师的指导精髓是激发灵感，她带领我们逐字逐句研讨《海洋法公约》，探求背后的逻辑。每节课下来，我们都能体悟到至少一两个灵感。有一次我择取其一，全面阐释了《海洋法公约》第309条中“保留”与“例外”的区别，得以发表于某C刊，并与贾宇教授的一篇论文并列被某文摘转载。灵感是论文的核心，张老师助我开始明白如何去找寻她、一旦找到，惊喜宛若小儿得饼，充满了生命的快乐。

教务必严、答务必透。我论文四易其稿，每次都意味着重整资料，伴随着痛心疾首，好在有两位导师的不倦与善诱，带我步步闯过雷区、越过荆棘、走向坦途。若说本书有些许意义，那也主要是导师指导的结果，但其中纰漏均由本人承担。

第三，有益文献得找到。我查阅了大量文献，如将国外关于“海峡制度”的5本专著、*westlaw* 里涉及“海峡”或“航行”等的相关论文悉数收入囊中。此外我还查找了一定的境外网络文献，即便是时断时续的遨游，但为找到最新最权威的素材也是乐此不疲。有益文献的查找绝非易事，如贾兵兵老师的 *The Regime of Straits in International Law*，是时赴哥伦比亚大学政治学系留学的龙飞博士借到该校法学院的学生卡，将之转借给时赴联合国实习的宋可硕士，由他北上哥伦比亚大学辗转多次借到此书，我才一睹其芳容；再如海峡制度鼻祖 Brüel 先生 1947 年的 *International Straits*，是多次赴国家图书馆颇费口舌方才请得工作人员拍照而购得照片；等等。被这些资料环绕周身，内心欢欣油然而生：世上无难事，只要肯登攀！为此无不感谢龙飞博士与宋可硕士，你们让我感到友情之珍贵；感谢本书所有参考文献的作者，你们让我站在了巨人的肩膀上。

第四，求学道路得帮助。那些情景如2004年高考前张媛同学对我的开解，2007年雪夜净空下转身忽见燕婷老师时的问候，2008年春考研面试前艳霞同学在我高烧时的买药，读研时王丽艳导师对我的关爱及周富强老师、杨晓刚老师、荣聪贤老师对我的提携，2009年冬闫农师兄嘱我将论文与工作相结合的远见等，多年忽如昨日。

2014年9月开始攻读博士。入学以来，母校副校长王崇敏教授、学院院长王琦教授、常务副院长叶英萍教授、副院长童伟华教授和王秀卫教授，以及国内学界前辈宋云霞教授、李居迁教授、曲波教授、周江教授等人，均曾给我以指导，衷心感谢。论文成稿后，黄瑶教授、张良福教授、刘丹副教授、李洁宇副教授及妻子提出了完善建议，无比感谢。外审期间，论文经教育部平台三位匿名专家评阅，虽不知姓名，仍特别感谢。答辩期间，超豪华“梦之队”傅崐成教授、高之国教授、贾宇教授、金永明教授和杨泽伟教授轮番提问，提出了许多珍贵意见与建议，使我进一步认清问题，修改论文，感激不尽！特别是高教授的提问——“过境通行与海上丝绸之路有什么关系？”和杨教授的建议——“哪怕观点暂不成熟，过几年有价值，亦应鼓励向前推动一点。”发人深省，催人奋进。但是因时间急迫，要全面修缮确实很难，相关问题留待日后以发表论文的形式予以补足。

读博前后，工作单位海南党校时任常务副校长彭京宜教授、常务副校长王和平教授和时任副校长包亚宁教授，及部门主任朱波教授，多次关心我的学业，图书馆提供了知网下载与查重系统，人事处根据规定削减了额定工作量，深表感谢。

香港冷夏教授亦多次询问我学业，真诚感谢。

最后还要感谢家人，特别是母亲多年辞别父亲五千多里来海口帮我带孩子的慈爱，妻子深夜密密缝衣的倩影，以及儿子一早追我上班时的哭闹，大家也都不容易，没有你们的体谅，我怕难以完成如此浩大的学业。

回望过去，令人倍感受人玫瑰之欢欣，更不敢懈怠，惟愿重整旗鼓、砥砺前行，同时更增授人玫瑰之期，并努力践行。

第五，未来前行得方向。此刻明月窗外悬，路灯静矗立，心却久澎湃。13年来，我想我未曾辜负青春。而这一切无非源自2004年初秋月夜开始踏上1058次列车时的南望——“我会倍加努力！”读博以来，在敲坏两个键盘、用坏一部手机之余发表相关论文8篇、撰写博士论文20多万字符，虽说随之而来的还有时刻点缀右眼的黑子、枕边轻绕的耳鸣及右腕蔓延的不适，我也将其当做上帝的附赠，盛情难却。当然，谁的博士学位都来之不易，欲戴其冠，必承其重。想起10年前就曾用坏过一部手机，因而坦白说，憧憬感胜过不适应。

我想我的博士生涯为我开启了一扇通达远方的“法门”——海洋法，而我今后也注定要做一个海洋法人，与海风为伴，枕涛声而眠，倚规则前行，多么神圣而又自在！那么如果顺利的话，博士毕业也将只是一个小目标，在未来每一个除夕子夜，抬望彼时明月，若欢欣宛如“试问卷帘人，却道海棠依旧”，人生则已足够，虽然那是后话……

五类欢欣，特此汇报，敬请指正，后会可期。

李人达

2017年初夏定稿于海口研墨轩